Oliver Arnhold/Hartmut Lenhard

Kirche

Themenheft für den evangelischen Religionsunterricht in der Oberstufe

Mit 10 Abbildungen und digitalem Zusatzmaterial
unter http://www.v-r.de/Kirche
Passwort: Geba9kpg

Vandenhoeck & Ruprecht

Bibliografische Information der Deutschen Nationalbibliothek

Die Deutsche Nationalbibliothek verzeichnet diese Publikation in der Deutschen Nationalbibliografie; detaillierte bibliografische Daten sind im Internet über http://dnb.d-nb.de abrufbar.

ISBN 978-3-525-77653-7
ISBN 978-3-647-77653-8 (E-Book)

Umschlagabbildung: © Gabriela Dienst – Bilderbuch Köln

Printed in Germany.

Satz: SchwabScantechnik, Göttingen
Druck und Bindung: ⊕ Hubert & Co., Göttingen

Gedruckt auf alterungsbeständigem Papier.

Inhalt

Einführung: Was Sie erwartet

11. Februar 2013: Soeben hat Papst Benedikt XVI. seinen Rücktritt erklärt, weil er sich den geistigen und körperlichen Anstrengungen bei der Leitung des »Schiffleins Petri« nicht mehr gewachsen fühle. Zermürbend war aber sicher auch die heftige öffentliche Kritik an der katholischen Kirche: Missbrauch von Kindern und Jugendlichen, Verweigerung der ärztlichen Hilfe für eine vergewaltige Frau, Skandale im Vatikan, Diskriminierung von Schwulen, Umgang mit wiederverheirateten Geschiedenen, Verbot, Frauen zu Priesterinnen zu weihen … Nicht ganz so heftig, aber doch deutlich wahrnehmbar steht auch die evangelische Kirche unter Druck: Gewalt gegen Kinder in Kinderheimen, Lohndumping in Einrichtungen der Diakonie, Streikverbot in kirchlichen Betrieben – all das sind Indizien für eine tief greifende Krise der Kirchen in der Bundesrepublik.

Diese Krise ist das Thema dieses Materialheftes für den Religionsunterricht in der Oberstufe. Das Titelbild weist unmissverständlich darauf hin. Das Heft setzt den Schwerpunkt weniger auf grundlegende theologische Bestimmungen der Kirche, welche Bekenntnisse in ihr gelten, welche Prozesse sie in ihrer Geschichte durchlaufen hat oder wie sich die Vielfalt christlicher Konfessionen entwickelt hat. Es geht vielmehr auf die zentralen Probleme ein, mit denen sich die Kirche in der Gegenwart und womöglich noch stärker in der Zukunft auseinandersetzen muss. Das Heft entfaltet diese Probleme in fünf Bausteinen:

Baustein 1 »Kirche im Abseits?« knüpft an Ihre Erfahrungen mit der Kirche an und befasst sich mit Fragen des Traditionsabbruchs und der Säkularisierung, die sich z. B. in Kirchenaustritten niederschlagen.

Baustein 2 »Wie sieht Kirche heute aus?« geht von der Beobachtung aus, dass Sie oft nur einen sehr begrenzten Einblick in die Arbeit der Kirche insgesamt und vor Ort haben und schlägt sowohl ein Kirchenquiz als auch ein Recherche-Projekt vor. Bezugspunkt sind Herausforderungen, die sich vor allem durch die Situation der »Kirche in der Stadt« und durch unterschiedliche soziale Milieus in der Kirche stellen, für die Kirchengemeinden konstruktive Lösungen finden (müssen).

Baustein 3 »Wege aus der Krise?« thematisiert drei Versuche, auf die Krise der Kirche zu reagieren: Soll sich die Kirche im religiösen Markt behaupten? Sollte sie schrumpfen und ihre Gebäude umwidmen? Sollte sie ärmer werden und auf Kirchensteuer verzichten?

Baustein 4 »Wofür steht die Kirche?« fokussiert zum einen den »Nerv der Kirche«, Jesus Christus, der in der Geschichte der Kirche immer wieder verraten worden ist. Zum andern stellt der Baustein grundsätzlich die Frage, was die Kirche eigentlich in unserer Gesellschaft unentbehrlich macht und wofür sie eintritt.

Baustein 5 »Was wird aus der Kirche?« erörtert die Frage, wie die Zukunft der Kirche aussehen könnte. Dabei spielt eine entscheidende Rolle, wie Sie selbst in 10, 20 oder 30 Jahren leben wollen.

Alle Materialien sind mit Arbeitsvorschlägen unterlegt, die natürlich je nach Lerngruppe und Interesse abgewandelt werden können. Sie gehen über eine reine Textanalyse weit hinaus und regen zur Auseinandersetzung und zur kompetenten, urteilsfähigen Teilnahme an kirchlichen Diskussionsprozessen an.

Ein Novum ist das Angebot des Verlags, weitere Materialien und Textvorschläge online zur Verfügung zu stellen.[1]

Ein Wort noch zu den Texten: Die Herausgeber sind der Überzeugung, dass es Ihrer Lesekompetenz nicht dient, wenn nur kurze »Texthappen« oder Zitate angeboten werden. In der Oberstufe müssen Sie die Fähigkeit entwickeln, auch längere Texte zu strukturieren, zentrale Gedanken zu erfassen und eigene Positionen zu begründen. Das geht nicht, ohne dass man sich Zeit nimmt und sich in einen Text auch richtig »verbeißt«. Daher sind die Texte dieses Heftes in der Regel zweiseitig oder sogar dreiseitig.

Oliver Arnhold, Hartmut Lenhard

[1] www.v-r.de/Kirche, Passwort: Geba9kpg

M 1.1 Vom Verschwinden christlicher Tradition

Der Religionslehrer kann feststellen, dass sich nicht nur die Denkweise der Schüler verändert hat, die Art des Umgangs mit traditionellen Themen des Religionsunterrichts, sondern dass ihnen auch kaum mehr die Sprache christlicher Tradition als Verbalisierungshilfe für eigene Positionen zur Verfügung steht. [...]

Es erübrigt sich fast schon der Hinweis, dass die Schüler kaum die symbolische *Bedeutung der Inneneinrichtung* einer Kirche erfassen, natürlich kennen sie keinen *Choral,* der Begriff *Liturgie* ist Fremdwort. Die Kirche: Wenn Schüler früher sich über die Kirche ärgerten, dann fühlten sie sich noch irgendwie dazugehörig; in Klausuren verwendeten sie das Pronomen »wir« (als Christen sollten wir ...), wenn sie in Aufgabe 3 mögliche Aktivitäten der Kirche einforderten oder ablehnten. Heute treffe ich stets auf die Formulierung »die Christen« – als seien es irgendwie andere Leute, für die man sich zwangsweise interessieren muss. Christentum – das ist tendenziell eine *Fremdreligion* im Wahrnehmungsfeld des heutigen Schülers. Kirche – das ist eine unbedeutende gesellschaftliche Institution, allenfalls das Gebäude kennt man noch. In manchen Kursen führe ich erbitterte Debatten um die *Kirchenmitgliedschaft* und gerate dabei in eine kaum auszuhaltende Defensive. Einige wenige Schüler erklären recht kurz angebunden, sie nähmen die Dienste der Kirche nicht in Anspruch, also *wollten sie auch nicht Mitglied sein.* Im Übrigen könnten sie auch ohne Kirche christlich handeln, »*Nächstenliebe* und so«. Das Interessante daran ist nicht, dass diese Position vertreten wird, so neu ist sie ja nicht. Interessant ist vielmehr, dass es nicht einen Schüler gibt, der argumentativ dagegenhält; das muss der Religionslehrer tun, ganz allein, und hilflos greift er zu den üblichen Formeln vom »Wachhalten der Sinnfrage«, spricht von der Notwendigkeit der Diakonie oder verweist auf Mutter Theresa, ohne dass das milde, herablassende Lächeln in den Augen der Schüler sich in Interesse verwandelte.

Im »Kursbuch Religion 9/10« gibt es in der Unterrichtseinheit »Kirche« eine Skala, in der verschiedene Aktivitäten der Kirche aufgeführt sind, die von den Schülern mit einer Bewertung nach Wichtigkeit versehen werden sollen, also z. B. Gottesdienst, Diakonie, Entwicklungshilfe, Jugendarbeit usw.

AUFGABEN	1	2	3	4	5	6
		NOTEN				
Gottesdienst						
Kindergottesdienst						
Jugendarbeit						
Altenarbeit						
Mission						
Entwicklungshilfe Brot für die Welt						
Gemeindefeste, (z. B. Basare)						
Diakonie (Behinderte, Arme, Kranke .)						

AUFGABEN	1	2	3	4	5	6
		NOTEN				
Ökumene (Kontakte zwischen kath. u. ev. Kirche)						
Hausbesuche bei Alten und Kranken						
Seelsorge						
Gemeinschaft (wie Frauen- u. Männerkreise)						
Freizeiten						
Bibelstunden, Glaubensseminare						
Gesellschaftspolitisches Engagement, (wie Asylanten/Frieden .)						

Es hat vor einigen Jahren nie Probleme gegeben, über diese Einschätzungen zu einer Diskussion über kirchliches Handeln zu kommen; es ergaben sich die üblichen Kontroversen insbesondere über das politische Engagement der Kirche oder über die Bedeutung des Gottesdienstes. In meiner neunten Klasse hat dieses Medium versagt. Vier Schüler meldeten sich erst einmal und sagten, sie seien ja gar nicht Mitglied der Kirche und könnten eigentlich diese Bewertungen nicht vornehmen. Andere Schüler äußerten, sie könnten sich unter bestimmten *Stichworten nichts vorstellen,* z. B. *Jugendarbeit, Seelsorge, Mission.* Ich forderte sie auf, doch an ihre eigene *Kirchengemeinde* zu denken und zu überlegen, was dort alles gemacht werde. Aber darüber konnten sie nichts sagen. Nach einigen Erklärungen meinerseits füllten sie dann doch die Skala aus. Zu meinem Erstaunen stellte ich fest, dass eine ganze Reihe von Schülern dem Stichwort Gottesdienst die Note 1 (sehr wichtig) gegeben hatten. Frage des überraschten Lehrers: Ist das wirklich Eure Meinung? Antwort: Nein, natürlich nicht. Wir dachten, wir sollten ankreuzen, was »für die Kirche am wichtigsten ist.« Auf meinen Vorhalt, sie sollten ihre subjektive Meinung zur Entscheidungsgrundlage nehmen, schlichtes Kopfschütteln: *das könnten sie nicht, sie könnten sich da nicht hineinversetzen.* Was ich sagen will: Die Schüler kennen die Kirche vielleicht klischeehaft, aber es ist eine *Institution, die nichts mit ihnen zu tun hat,* auf die sie nicht gerade neugierig sind. Es erscheint ihnen absurd, sich über ein Rollenspiel in innerkirchliche Konflikte zu begeben, in eine Institution, über deren *inneres Funktionieren, deren Aufgabe sie nichts wissen.* In diesem Fall hat das dazu geführt, dass sie sich unbewusst der Zumutung, subjektiv zu sein, entzogen haben und auf gängige Klischees ausgewichen sind, weil sie eine »eigene Meinung« gar nicht haben können. Während für frühere Schülergenerationen »die Kirche« ähnlich geläufig im Begriffs- und Vorstellungsrepertoire gewesen ist wie Parlament, DDR oder Betrieb, erscheint ihnen heute die *Kirche als fremde, randständige Organisation.*

Dieses Verschwinden traditioneller christlicher Religion ist ja nur ein Reflex dessen, was »draußen« passiert. Noch für unsere Eltern gehörte das Christentum zum Alltagsleben. Es war einfach da, z. B. im *Tischgebet,* im Karfreitags-*Abendmahl, Weihnachten.* Auch unbewusst war es da, wenn Lebensschicksale als »Schickung« Gottes aufgefasst wurden, wenn ein unausgesprochener moralischer Konsens im Privatleben herrschte, der sich entfernt an den *10 Geboten* orientierte. *Kasualien* begleiteten den Menschen durch Lebenskrisen. Heute haben wir es mit Kirchenaustritten zu tun, zumindest aber mit einer kollektiven Gleichgültigkeit gegenüber der Institution Kirche. In kirchlichen Kreisen spricht man vom Ende der Volkskirche, vom Relevanzdefizit des biblischen Erbes für das alltägliche Leben, vom Rückzug in die reine Endlichkeit, von der nachchristlichen Situation […].

Wilfried Bergau: Der Traditionsabbruch bei Jugendlichen – Ursachen und Folgen, in: Ders. (Hg.): Die neuen Schüler – Jugend ohne Gott? Arbeitshilfe für den evangelischen Religionsunterricht an Gymnasien, Nr. 47, Hannover 1989, S. 17–46; zit. nach Hartmut Lenhard (Hg.): Arbeitsbuch Religionsunterricht. Überblicke – Impulse – Beispiele, 3. Auflage Gütersloh 1996, S. 48–59 (Text S. 49 f.)

Arbeitsvorschläge:

1. Der Bericht des Religionslehrers Bergau ist schon ein Vierteljahrhundert alt. Hat sich in dieser Zeit etwas verändert?
   Hier können Sie zu jeder Beobachtung *(im Text kursiv gedruckt)* angeben, ob Sie aus eigener Erfahrung zustimmen, ablehnen oder die Beobachtung fraglich finden.

Diese(r) Beobachtung zu der/dem	stimme ich zu	stimmt nicht	ist fraglich
Bedeutung der Inneneinrichtung			
Kenntnis eines Chorals			
Begriff Liturgie			
Christentum als Fremdreligion			
Kirchenmitgliedschaft			
Nächstenliebe ohne Kirche			
Stichwort Jugendarbeit			
Stichwort Seelsorge			
Stichwort Mission			
Kenntnis der eigenen Gemeinde			
Eigene Meinung zum Gottesdienst			
Kirche hat nichts zu tun mit mir			
Kenntnis über Funktionieren und Aufgabe der Kirche			
Kirche als fremde Organisation			
Kein Tischgebet praktizieren			
Karfreitag nicht zum Abendmahl gehen			
Weihnachten nicht christlich feiern			
Keine Orientierung an 10 Geboten			
Kasualien nicht in Anspruch nehmen (Taufe, Konfirmation, Hochzeit, Beerdigung)			
Raum für weitere eigene Beobachtungen:			

2. Werten Sie die Antworten anonym aus und diskutieren Sie in der Lerngruppe die Frage, welche Einflussfaktoren zu dieser Situation bei Jugendlichen und in der Gesellschaft geführt haben könnten.
3. Entwickeln Sie ein Schaubild, das die Situation prägnant beschreibt und die möglichen Einflussfaktoren zuordnet.

M 1.2 Säkularisierung oder Traditionsabbruch?

Wenn man die Entwicklung der konfessionellen und zumal der kirchlichen Verhältnisse Westeuropas um die Wende zum dritten Jahrtausend nach Christus betrachtet, so drängt sich der Eindruck eines langfristigen Trends auf, der jedoch unterschiedlich gedeutet wurde und gedeutet wird. […]

Der Langfrist-Trend, den die Betrachtung der religiösen Verhältnisse in Westeuropa, den Kernländern der abendländischen Christenheit, suggeriert, wird – vor allem in der evangelischen Theologie – gerne als *Säkularisierung* bezeichnet. Das stellt aus meiner Sicht der Dinge eine Verharmlosung der tatsächlichen Entwicklung dar, die wir in den letzten Jahrzehnten beobachten können. Der Begriff der Säkularisierung beinhaltet eine Verselbständigung und thematische Reinigung des religiösen Bereichs, bei gleichzeitiger Freisetzung der übrigen Gesellschaftsbereiche vom Kontrollanspruch der kirchlich verfassten Religion. Zum mindesten in Deutschland ist jedoch heute ein eklatanter *Abbruch religiöser Traditionen in beiden Konfessionen* zu beobachten, der auch die Existenz der Kirchen in ihrer bisherigen Verfassung bedroht.

Einige statistische Hinweise mögen dies einleitend verdeutlichen. Der unmittelbarste Indikator ist die *wachsende Konfessionslosigkeit.* […] Insbesondere in den Jahren nach der Vereinigung gab es eine regelrechte Kirchenaustrittswelle in Ost und West, zu der dieses Mal auch die Katholiken erheblich beitrugen. Von 1990 bis 2008 sind »2 471 752 Menschen aus der katholischen Kirche ausgetreten, bei 161 134 Wiederaufnahmen und 77 710 Eintritten«: im gleichen Zeitraum »haben 3,8 Millionen Menschen die evangelische Kirche verlassen« [F. W. Graf]. Die jüngste Vertrauenskrise, welche durch das Öffentlich-Werden eines erheblichen, durch Kleriker verübten sexuellen Missbrauchs von Kindern und Jugendlichen ausgelöst wurde, hat zu einem sprunghaften Anstieg der Kirchenaustritte geführt, vor allem unter Katholiken.

Betrachten wir die neuen Bundesländer, so bilden dort die Konfessionslosen – oder wie sie sich vielleicht selbst bezeichnen würden, die Konfessionsfreien – heute rund 70 % der Bevölkerung. Das Christentum ist in den neuen Bundesländern somit zu einem – zudem stark überalterten – Minderheitenphänomen von knapp 25 % Protestanten und 5 % Katholiken geworden. Etwa die Hälfte der 70 % Konfessionslosen hat diese Zuordnung bereits von ihren Eltern übernommen, und so scheint die Konfessionslosigkeit zum Familienerbe zu werden, was sich auch darin äußert, dass hier Kircheneintritte von Konfessionslosen weit seltener als im Westen stattfinden.

Michael N. Ebertz[1] hat in einer sehr detaillierten Analyse neuerer Umfragedaten gezeigt, wie sehr auch unter den konfessionell Gebundenen, ja sogar unter den kirchennahen und kirchlich aktiven Christen sich die religiöse Orientierung vervielfältigt und die Verbundenheit mit der jeweiligen kirchlichen Tradition gelockert hat. […] Für die jüngeren Generationen stellt er fest: »Die persönliche Religiosität wird … immer weniger noch als christliche verstanden, löst sich also nicht nur aus traditionalen kirchlichen Bindungen, Glaubensvorstellungen und -praktiken, sondern sieht sich immer weniger auch in einem ›überkonfessionellen christlichen Traditionsstrom‹ verankert. Unterdurchschnittlich ist bei ihnen auch die Existenzdeutung ausgeprägt, ›mit Hilfe des Glaubens ein sinnvolles Leben zu führen‹ und im Leben ›den Willen Gottes zu erfüllen, um am Ende die ewige Seligkeit zu erlangen.‹ Persönlichkeitsentwicklung, viel Freude im Leben zu haben und Lebensgenuss als Lebenszweck gewinnen zwar auch in der Gesamtbevölkerung und unter älteren Menschen, selbst unter kirchennahen Christen, an Bedeutung, erreichen aber die höchsten Stellenwerte insbesondere in der Generation der heute unter 29-jährigen.« […]

Die verfügbaren Befunde deuten nicht nur auf einen allgemeinen Rückgang von Kirchenbindung und christlicher Gläubigkeit hin, sondern auf einen ganz spezifischen Zusammenhang mit modernisierenden Lebensbedingungen. Konfessionslosigkeit nimmt überdurchschnittlich unter den Gebildeten und unter großstädtischen Verhältnissen zu. Einigermaßen intakte konfessionelle Milieus existieren überwiegend in ökonomisch zurückgebliebenen Regionen. Überhaupt scheint Kirchlichkeit stark mit traditionalen Faktoren zu korrelieren. Insbesondere aber deutet die starke Altersabhängigkeit der Kirchenbindung bzw. Entkirchlichung darauf hin, dass hier Faktoren am Werke sind, welche auch für die Zukunft eine Fortsetzung des diagnostizierten Trends erwarten lassen. Die Unkirchlichen leben weithin »religionsabstinent«; soweit sich alternative Religiositätsmuster nachweisen lassen, finden sie sich bei den Kirchenverbundenen, welche somit traditionelle und alternative Religiositätsmuster (z. B. Esoterik, Praktiken aus anderen Weltreligionen) kombinieren.

Nicht nur die Kirchenbindung, auch das Vertrauen in die Kirchen hat stark gelitten, wenigstens in Deutschland. In einer Umfrage des Gallup-Instituts für das World Economic Forum (2003) ergab sich, dass »religiöse Gruppen und Kirchen« in Deutschland das geringste Vertrauen von allen erfragten Institutionen genießen. Eine vergleichbare Studie von Mc Kinsey (2003) fragte genauer nach »Evangelischer« und »Katholischer Kirche« in Deutschland, und die Ergebnisse beider Untersuchungen konvergieren, wobei die katholische Kirche schlechter abschneidet. Das bedenklichste Ergebnis ist die weitgehende Irrelevanz der Kirchen: Man hat wenig Vertrauen zu ihnen *und* man sieht geringen Reformbedarf; das heißt sie sind der Mehrheit im Vergleich zu den anderen Institutionen *gleichgültig*, und das gilt am stärksten für die katholische Kirche.

Deshalb lautet die Leitfrage […]: Wie überlebt das Christentum die Moderne?

[1] Michael N. Ebertz: Kirche im Gegenwind. Zum Umbruch der religiösen Landschaft, Freiburg 1997, S. 71 f.

Franz-Xaver Kaufmann, Kirchenkrise. Wie überlebt das Christentum? © Verlag Herder GmbH, Freiburg i. Br. ²2011, S. 13–17 (in Auszügen)

Arbeitsvorschläge:

1. Nennen Sie Beispiele für den Säkularisationsbegriff des Autors.
2. Formulieren Sie drei zentrale Thesen des Autors, die seine Überlegungen zusammenfassen.
3. Welche Indikatoren führt der Verfasser für seine Thesen an?
4. Auf welche Passagen des Textes kann man die unten stehende Karikatur beziehen? Trifft die Pointe der Karikatur die Situation von Jugendlichen und jungen Erwachsenen?
5. Bereiten Sie ein 2-Minuten-Statement zu der letzten Frage des Autors vor und tragen Sie dies in der Lerngruppe vor.

© Thomas Plaßmann

M 1.3 Plötzlich konfessionslos? – Aus der Kirche ausgetreten

Heute habe ich endlich Nägel mit Köpfen gemacht und bin aus der Kirche ausgetreten. Von meiner Überzeugung her hätte ich das schon wesentlich früher tun sollen, aber man ist ja faul. Bis man dann einen Steuerbescheid in den Händen hält und mal schwarz auf grau liest, was man so pro Jahr an die Kirche zahlt … Dafür habe ich andere Verwendungszwecke, und zwar nicht nur nicht-karitative.

Nun denn, es war eine kurze und schmerzlose Angelegenheit. Ich musste zum Amtsgericht, dort meinen Personalausweis vorlegen und meinen Austritt erklären (also nicht warum, sondern nur dass). Dann kurz den Raum wechseln und 30 Euro bezahlen, mit der Quittung zurück gehen und eine Unterschrift leisten. Fertig. Naja, fast. In ein paar Tagen bekomme ich dann wohl noch per Post eine Bescheinigung, welche ich dann zusammen mit meiner Lohnsteuerkarte dem Finanzamt vorlegen muss. Aber auch das dürfte unkompliziert über die Bühne gehen.

Mit dem heutigen Tag bin ich also konfessionslos, und so muss ich doch mal in mich horchen, ob sich das anders anfühlt als zuvor? Nein. Wann war ich in den letzten Jahren in der Kirche? Bei einer Trauerfeier, bei Hochzeiten und Taufen. Weil es dazu gehört? Für die anderen? Für mich ab heute auch ganz offiziell nicht mehr.

Eigentlich war ich nur als Teenie ein paar Monate lang religiös. Und das waren eigentlich alle, die wie ich zum Konfirmationsunterricht mussten/durften/sollen. Nach der Konfirmation war es dann auch recht schnell wieder vorbei mit der Religiosität.

Halt? Einen Grund für Kirchenbesuche habe ich noch vergessen. Und zwar den, wenn ich wirklich gern in einer Kirche bin: um sie zu besichtigen. Da in den letzten Jahren mein geschichtliches und archäologisches Interesse immer stärker wurde, schaue ich nicht nur gern Ausgrabungsstätten und Ruinen an, sondern auch alte Kirchen. Dann aber staune ich nur über die Baukunst vergangener Zeiten. Und über die tiefe Gläubigkeit der Menschen früher, die sie solche Prachtbauten erschaffen ließen. Und bezahlen.

Der Artikel wurde am 16.03.2011 von Silvia veröffentlicht. http://www.hempel-auf-dem-sofa.de/a168-ploetzlich-konfessionslos-aus-der-kirche-ausgetreten.html (überprüft am 18.2.2013; gilt für alle Internetadressen)

Arbeitsvorschläge:

1. Wie hoch ist die Kirchensteuer, wie viel bekommt der Staat für den Einzug, wofür wird sie verwendet? Recherchieren Sie dazu im Internet.
2. Welche Gründe können Menschen bewegen, aus der Kirche auszutreten und konfessionslos zu werden? Recherchieren Sie dazu im Internet!
3. Verfassen Sie einen Blog zu dem Artikel, in dem Sie Ihre eigene Meinung darstellen und begründen.

M 1.4 Warum Menschen aus der Kirche austreten

Der Kirchenaustrittstrend hat nun seine gesellschaftlichen Hintergründe [...]. Er ist nämlich [...] *Teil einer größeren und allgemeinen Entwicklung.* [...] Menschlich wie politisch geht ein fundamentaler seelischer und ethischer Umstrukturierungs- und Erosionsprozess vor sich, von dem die Kirchenaustrittswelle und Religionsvergessenheit und -tabuisierung nur ein gewichtiges Element und ein Aspekt sind. Er greift individuell um sich, [...] er äußert sich aber auch öffentlich, indem Werte, Grenzen, Gebote, die Wurzeln solidarischen und demokratischen Bewusstseins, ausdorren; indem wir einen Traditionsabbruch speziell bei der Jugend erleben, der ebenso wie die Strukturen der sogenannten »Freizeitgesellschaft« [...] zu einer rasanten Orientierungslosigkeit, Grenzen- und Sinnlosigkeit, zu Ersatzidentifikationen en masse, zu Recht- und Ethiklosigkeit führt, die jedes Delikt von Diebstahl bis Gewalt als Kavaliersdelikt ohne Unrechtsbewusstsein einebnet. Wobei die verbreitete Hinterziehung der Kapitalertragssteuer[1] offensichtlich noch ganz andere Größenordnungen erreicht als der unbestreitbare Missbrauch sozialer Leistungen. Wie sehr Menschen in diesem Trend jeder ethischen Kultur bereits fern, fremd und ahnungslos gegenüberstehen, zeigt das charmant-symptomatische Diktum eines jugendlichen Teilnehmers auf dem evangelischen Kirchentag angesichts seines Mottos »Es ist dir gesagt, Mensch, was gut ist ...«: »Gutsein ist irgendwie cool«. Man spürt das erstaunte Wahrnehmen eines fast unbekannten Sachverhalts, eines fremden Kontinents.

Wir erleben derzeit also eine Privatisierung, an der alle Vereine, Parteien, Gewerkschaften und kulturellen Institutionen ebenso wie die Kirchen zu leiden haben. Nur aus dem Staat kann man nicht austreten; der aber wird dafür betrogen. [...]

Wir erleben eine Entpolitisierung und Entsolidarisierung, die ihresgleichen sucht [...], eine rasant vor sich gehende Auflösung öffentlicher Leitwerte – in Deutschland speziell seit dem Fall der Mauer und dem seither mit Beschleunigung, verbunden mit einer eminenten Steuerungerechtigkeit, [einem] grassierenden westlichen (»kapitalistischen«) Ökonomisierungs- und Expansionsprozess. In ihm werden die letzten Reste öffentlicher Werte [...] zerfetzt und zerfleddert werden. [...] Die überlieferten subjektiven Prägungs-, Einstellungs- und Wertemuster scheinen weiterhin – in einem bereits Jahrzehnte andauernden Prozess – zu verblassen und ausgelaugt zu werden, so dass die Auslieferung an die Normen der Konsum- und Freizeitwelt, eben an die Erlebnisgesellschaft[2], [...] deutlich weiter fortgeschritten erscheint. Auf der weitgehenden Bestimmbarkeit von Menschen beruht das gesamte Werbe- und Verkaufssystem, in dem wir leben. Dessen Macht nimmt in einer neuen Welle durchgreifender Ökonomisierung aller Lebensverhältnisse und Nischen zu: Die Besitzenden werden noch reicher und die Armen noch ärmer, die Zahl der Marginalisierten steigt. Fernsehkinder und die Gewaltbereitschaft von Jugendlichen, auch auf den Schulhöfen, sind kein bloßes Theoriekonstrukt mehr. Die wachsende Schere zwischen Arm und Reich und der skandalöse lineare Sozialabbau werden unübersehbar. [...]

Einerseits beginnen *die Menschen,* sich vermehrt den Kirchen – wie auch den Parteien, Vereinen u. a. – zu versagen und sich zu distanzieren (noch vergleichsweise wenige verabschieden sich völlig); sie werden fast gleichgültig. Die Kirche gleicht – nach einer treffenden SPIEGEL-Formulierung – einer alten Tante, die fast unbemerkt aus dem Leben verschwindet. Sie werden zunehmend unkundig und unbewusst aller religiösen Inhalte außerstande, sich im pluralistischen religiösen Marktangebot zu orientieren und zu verhalten. Die alten Formen werden nicht mehr gewollt und benutzt, jedoch selten dafür andere gesucht bzw. gefunden. Es bleibt ein in Unbewusstheit und Kulturlosigkeit übergehendes religiöses Niemandsland [...]. Seltener aus bewusster Opposition, meist nur aus abflachendem Interesse, statistisch vorrangig aus Kirchensteuergründen, wird der Kirchenaustritt als ein letzter Schritt auf dem Wege einer langen Entfremdung vollzogen.

[...] Auch bei den in der Kirche Bleibenden wird christliches Denken, Empfinden und Leben allmählich immer konturloser, blasser und folgenloser. Es bleibt die anfällige diffuse, aber eben statistisch noch immer signifikante Ahnung von Sinn und Notwendigkeit der Kirche – begrenzt auf die wenigen biographischen und jahreszyklischen Kontaktpunkte, und auch diese Beziehung zu den Festtagen bröckelt (vornehmlich allerdings in den Großstädten) erheblich.

Andererseits aber versagen sich *die Kirchen,* indem sie kaum Orte willkommener und geförderter religiöser Individualität sind und von unakzeptablen und unbegreiflichen theologischen und weltanschaulich überholten, an eine bestimmte Metaphysik[3] gebundenen Vorstellungen durchsetzt sind, die auch viele in der Kirche so wörtlich und buchstäblich keineswegs mehr teilen: von Adam und Eva und Jungfrauengeburt über Wunder und leibliche Auferstehung und Himmelfahrt bis zum jüngsten Gericht, Satisfaktionschristologie[4], Zweinaturenlehre[5] – alles Vorstellungen, die für antike und mittelalterliche Menschen aufschließenden und erklärenden, für heutige Menschen längst meist nur noch verschließenden und erschwerenden Charakter haben. [...]

So wird der Abstand immer größer, die Übersetzungsnotwendigkeit und -leistung immer anstrengender, der Kontakt reißt ab und der Eintritt in diese Anschauungs- und Glaubenswelt wird fast unmöglich, da die meisten Menschen in jene Mythen und Dogmen so, dass sie in ihnen leben und mit ihnen sich identifizieren könnten, nicht mehr hineinsozialisiert werden. [...] Die Gottesdienste sind im Schnitt gesehen – auf eine merkwürdige und schwer ergründbare Weise langweilig und unnötig, durch vieles Reden und Predigen eine Selbstüberforderung der Geistlichen (und der Hörer) – ein Urteil, das zum Teil ungerecht und sicher falsch ist, dennoch aufs ganze gesehen leider stimmt und von unendlich vielen, keineswegs kirchenfeindlichen Menschen, geteilt wird. Es scheint, als wenn das Vakuum und die Diffusität der religiösen und theologischen Identität auch in den Kirchen, auch mitten im Pastoren/innen- Stande, rasant wächst. Diese geistliche Leere und Schwäche der Kirche und der Gottesdienste, die sie so unnötig macht, wird auch in der Kirche selber vielfach wahrgenommen und beklagt.

So ist es kein Wunder, dass Menschen in einer solchen Kirche nicht oder nur bedingt und distanziert bleiben wollen. [...]

[1] Kröger veröffentlichte sein Buch 1997. Zu dieser Zeit mussten Steuerpflichtige für Kapitalerträge eigene Steuererklärungen abgeben. Heute wird die Kapitalertragssteuer automatisch von den Banken einbehalten.

[2] Der Soziologe Gerhard Schulze veröffentlichte 1993 ein Standardwerk über »Die Erlebnisgesellschaft«. Der Begriff bezeichnet nach Schulze die heutige Konsumgesellschaft, die auf Glückseligkeit als oberstes Lebensziel und auf Genuss ausgerichtet sei, besonders von lustbetonten Werten gekennzeichnet sei und auf sogenannte Tugenden wie Solidarität, Anstrengung, Geduld und Askese verzichte.

[3] Philosophische Disziplin, die sich mit Fragen der letzten Begründung von Sinn und Zweck der gesamten Wirklichkeit bzw. allen Seins (jenseits der physis = Natur) befasst.

[4] Lehre, nach der Jesus durch seinen Tod Gott Genugtuung für die Sünden der Menschen leistet und damit Gott versöhnt.

[5] Lehre, nach der Jesus Christus sowohl ganz Mensch als auch ganz Gott ist.

Matthias Kröger: Die Notwendigkeit der unakzeptablen Kirche. Eine Ermutigung zu distanzierter Christlichkeit, München 1997, S. 66 ff., 73 ff.

Arbeitsvorschläge:

1. Fassen Sie die zentralen Aussagen Krögers thesenartig zusammen.
2. Was leistet der Text von Kröger zur Erklärung des Verhaltens der Bloggerin in M 1.3?
3. Kröger bezieht sich an mehreren Stellen auf tief greifende Entwicklungen in der Gesellschaft. Welche Indizien lassen sich für oder gegen sein pessimistisches Gesellschaftsbild anführen?
4. Diskutieren Sie in der Lerngruppe, ob Kröger mit seiner These von der Beziehung zwischen ökonomischer Entwicklung und Wertebewusstsein Recht hat.

M 2.1 Evangelisches Kirchen-Quiz

Wie gut kennen Sie sich im Bereich der Evangelischen Kirche in Deutschland aus? Testen Sie Ihr Wissen in einem Quiz!

Teilen Sie dazu Ihre Lerngruppe z. B. in drei Gruppen auf und bestimmen Sie einen Schiedsrichter. Jede Gruppe muss sich einigen, welche Mitglieder für welchen Themenbereich zuständig sind:

1. Evangelische Kirche in Deutschland
2. Gottesdienst und Gemeindeleben
3. Gesellschaftliche Mitverantwortung
4. Die Kirche und ihr Geld

Zu jedem Themenbereich treten die jeweiligen Experten gegeneinander an und beantworten jeweils acht Fragen. Die Antwort, die der richtigen Lösung am nächsten kommt, erhält einen Punkt.

1. Evangelische Kirche in Deutschland

a) Wie hoch war der prozentuale Anteil der Christen in der deutschen Bevölkerung im Jahr 2010?
b) Wie hoch war der prozentuale Anteil der evangelischen Christen in der deutschen Bevölkerung im Jahr 2010?
c) Wie viele Landeskirchen gab es 2010 unter dem Dach der Evangelischen Kirche in Deutschland?
d) Welche evangelische Landeskirche hatte 2010 die meisten Kirchenmitglieder?
e) Wie viele evangelische Kirchengemeinden gab es 2010 in Deutschland?
f) Wie viele Mitglieder hat die Synode der Evangelischen Kirche in Deutschland?
g) Wie hoch war 2010 der prozentuale Anteil von weiblichen Synodalen in der Synode der Evangelischen Kirche in Deutschland?
h) Wie viele Gemeindemitglieder engagierten sich 2010 in Kirchenvorständen und Synoden aller evangelischen Landeskirchen?

2. Gottesdienst und Gemeindeleben

a) Wie viele Menschen besuchten 2010 im Durchschnitt sonntags den evangelischen Gottesdienst?
b) Wie viele Menschen beteiligten sich im Jahr 2010 am Gemeindeleben der evangelischen Kirchen?
c) Wie viele Kindertaufen wurden 2010 in evangelischen Kirchen durchgeführt?
d) Wie viele Jugendliche gingen 2010 zur Konfirmation?
e) Wie viele evangelische Trauungen fanden 2010 statt?
f) Wie viele Menschen wurden 2010 evangelisch bestattet?
g) Wie viel Prozent der evangelischen Kirchenmitglieder besuchten 2010 am Heiligabend den Gottesdienst?
h) Wie viele evangelische Gläubige nahmen in etwa über das Jahr 2010 an einer Abendmahlsfeier teil?

3. Gesellschaftliche Mitverantwortung

a) Wie viele diakonische Einrichtungsangebote unterhält die evangelische Kirche in Deutschland?
b) Wie viele Menschen waren 2010 hauptamtlich im Bereich der diakonischen Einrichtungen der evangelischen Kirche beschäftigt?
c) Wie viele Personen unterstützten 2010 in etwa die hauptamtlich Beschäftigten als ehrenamtliche Helferinnen und Helfer bei ihren diakonischen Aufgaben?
d) Wie viele evangelische Schulen gab es 2010 in Deutschland?
e) Wie viele Schülerinnen und Schüler besuchten 2010 die evangelischen Schulen?
f) Wie viele evangelische Kindertagesstätten und Horte gab es 2010 in Deutschland?
g) Wie viele Kinder und Jugendliche wurden 2010 in Kinder- und Jugendgruppen der evangelischen Kirche betreut?
h) Wie hoch waren die Finanzmittel in €, die »Brot für die Welt« 2010 in kirchliche Entwicklungshilfe einbrachte?

4. Die Kirche und ihr Geld

a) Wie hoch waren die jährlichen Einnahmen der evangelischen Kirche in € durch die Kirchensteuer im Jahr 2005?
b) Wie hoch war 2005 der prozentuale Anteil der Kirchensteuer und des Gemeindebeitrags an den Gesamteinnahmen der evangelischen Kirche?
c) Wie viel Prozent der Lohnsteuer macht die Kirchensteuer aus?

d) Wie viel Prozent der Gesamteinnahmen der evangelischen Kirche wurden 2005 für Pfarrdienst und Religionsunterricht ausgegeben?

e) Wie viel Prozent der Gesamteinnahmen der evangelischen Kirche wurde 2005 für allgemeine Gemeindearbeit und übergemeindliche Gemeindearbeit mit Kindern und Jugendlichen ausgegeben?

f) Wie viel Millionen Euro investierte die evangelische Kirche 2005 in Kindertagesstätten?

g) Wie viel Prozent der Ausgaben der evangelischen Kirche waren 2005 Personalkosten?

h) Wie viele Millionen Euro gab die evangelische Kirche 2005 für die Unterhaltung und Pflege von Grundstücken und Gebäuden aus, die größtenteils denkmalgeschützt sind?

Lösungen (Quiz):

1a	1b	1c	1d	1e	1f	1g	1h
61,4 %	29,2%	20	Hannover	15.129	126	45%	137.000

2a	2b	2c	2d	2e	2f	2g	2h
900.000	1,6 Mio.	174.164	232.000	51.882	292.602	33%	9,5 Mio.

3a	3b	3c	3d	3e	3f	3g	3h
27.000	452.600	453.000	1100	168.000	8500	500.000	73,1 Mio.

4a	4b	4c	4d	4e	4f	4g	4h
3991 Mio.	40%	9%	18,8%	12,2%	1758 Mio.	46%	1068 Mio.

Das vorliegende Zahlenmaterial basiert zum größten Teil auf der Grundlage einer Zahlenerhebung aus dem Jahr 2010, die von der Evangelischen Kirche in Deutschland (EKD) im Jahr 2012 herausgegeben wurde.

(http://www.ekd.de/download/broschuere_2012.pdf)

M 2.2 Kirche in der Stadt

Wer will, dass die Kirche im Dorf bleibt, vergisst fast 90 Prozent aller Menschen in Deutschland. In deren Ausweisen steht als Wohnanschrift eine Stadtadresse. Dennoch kommt dem geflügelten Wort vom Verbleib der Kirche im Dorf in doppelter Hinsicht noch eine Bedeutung zu. Zum einen ist die Grenzziehung zwischen Stadt und Land längst nicht mehr so scharf wie in vergangenen Jahrhunderten. Es zeichnen sich in Deutschland seit längerem neue Stadtstrukturen ab, die nicht mehr dem traditionellen Modell der kompakten Stadt mit einem klar definierten Zentrum und einem darauf ausgerichteten Umland entsprechen. Stadt und Stadtregionen verschmelzen und werden durch Suburbanisierung, infrastrukturelle Vernetzungen mit ländlichen Räumen und Eingemeindungen zu Regionen, in denen sich Stadtbewohner in ehemaligen Dörfern oder neuen dorfähnlichen Strukturen bewegen. Zum anderen finden sich in vielen städtischen Nachbarschaften Phänomene wie eine klare Quartiersabgrenzung, über Jahrzehnte gewachsene soziale Netzwerke und eine relativ homogene Bevölkerungsstruktur, die eine fast dörfliche Lebensform erlauben.

Die zentralen Orte des politischen, kulturellen und sozialen Lebens für die überwältigende Mehrheit der meisten Menschen in Deutschland aber sind Städte, nicht Dörfer. Die Stadt ist weltweit seit ihrer Erfindung die dominierende und fortwährend wachsende Siedlungsform. Sie bleibt als eine der größten Kulturleistungen der Menschheit das mutige und oft uneingelöste Versprechen auf ein glückliches Leben, ein Versprechen, das die Städte in fast allen Erdteilen rasant wachsen lässt. [...] Die Stadt verspricht Freiheit und Glück und zieht damit weltweit jedes Jahr Millionen von Menschen in ihren Bann. Sie verlassen ländliche Regionen, um in Städten nicht nur einen Arbeitsplatz, sondern auch eine neue Heimat zu finden. Jeden Tag wandern 150 000 Menschen in die Städte dieser Welt. Alle fünf Tage entsteht ein neues Rotterdam, alle drei Monate ein neues New York. Angesichts der weltweiten Bevölkerungsentwicklung gibt es für die Mehrheit der Menschen keine sinnvolle Alternative zur städtischen Lebensform. Die Stadt ist die einzige sozialräumlich verdichtete Lebensform, die eine Chance bietet, mit den begrenzten bewohnbaren Flächen auf der Erde verantwortlich umzugehen. Das Idyll des Häuschens im Grünen für alle ist angesichts der Entwicklung der Weltbevölkerung eine sozialromantische Utopie, die eine fahrlässige Verschwendung von Ressourcen bedeutet und direkt in die ökologische Katastrophe führt.

Wenn bis zum Jahr 2030 von acht Milliarden Menschen fünf Milliarden in Städten wohnen werden, müssen einige dieser Städte ins Gigantische gewachsen und extrem verdichtet sein, um allen Bewohnern angemessenen Raum zur Verfügung zu stellen. Damit wird deutlich, wie die positiven Verheißungen städtischen Lebens auch zukünftig mit massiven Zumutungen verbunden sein werden: sozialräumlicher Enge, Begegnung mit dem Fremden, isolierter Existenzweise, sozialer Spaltung, öffentlichen Konflikten.

Die Stadt lebt aus dem Miteinander des Verschiedenen und Fremden [...]. In der Stadt begegnet im öffentlichen Raum jeder dem anderen als Fremder. Im Dorf gibt es keine Fremden. [...] Die Vielfalt möglicher Lebensformen in der Stadt mit ihren sozialen Bezügen, die Gesten der Barmherzigkeit und des Mitleids bei städtischen Katastrophen, das Feiern städtischer Feste, die kollektive Trauer, der gemeinsame Stolz auf den Fußballverein, die Silhouette der Stadt oder ihre Geschichte, sie alle zeigen den Facettenreichtum städtischer Gemütslagen und lassen ein Leben in der Stadt voller Überraschungen sein.

Städte sind die großen Schulen, die Respekt und Toleranz lehren, denn sie sind Orte von Gegensätzen. Lebenswelten, die attraktiv sind und zugleich durch ihre Heterogenität gefährdet. Die Antwort darauf heißt aber nicht Gleichgültigkeit; dann wäre die Stadt nicht mehr als die zufällige Koexistenz vieler Menschen. Die Antwort heißt Toleranz und ist das mühsame Geschäft, mit dem Fremden auch die eigene Fremdheit zu achten.

[...] In europäischen Städten sind in besonderer Weise die christlichen Kirchen herausgefordert, die Zukunft der Städte aktiv mitzugestalten. Das Christentum war durch zwei Jahrtausende eng mit der Entwicklung von Städten verknüpft. [...] In ihnen finden Religionsstifter ihre erste Anhängerschaft, in ihnen vervielfältigen sich Weltanschauungen und Deutungssysteme, und dort existieren die Nischen, in denen auch obskure Wahrheitsansprüche einen Nährboden finden können. In Städten entsteht aus dem Gemisch von verschiedenen Kulturen, von neuen Überzeugungen und alten Traditionen das Material für große Weltdeutungen. [...]

Diese Dynamik wird niemals aufhören, solange die europäische Stadt mit ihrem Ideal individueller Freiheit existiert. [...] Wo religiöse Weltdeutungen konkurrieren und sich tagtäglich begegnen, entstehen Abgrenzungen, Vorwürfe und Vergleiche. Zugleich aber müssen auch Toleranz und Dialogbereitschaft eingeübt werden und führen zu einer Praxis des gelebten Miteinanders. Die Stadt bleibt somit als Spielraum religiöser Entwicklungen einzigartig. Daraus ergibt sich für die Kirchen als größte und älteste Religionsgemeinschaften in den meisten europäischen Städten eine besondere Verantwortung, das Gespräch mit anderen Religionen zu führen. Um des Zusammenlebens der Menschen verschiedener Religionen willen gibt es keine Alternative zu einem Dialog der Religionen in der Stadt.

[...] Nimmt die christliche Tradition einerseits die Städte als Ausgangspunkte für Gemeindegründungen und sucht die Menschen in ihrer städtischen Existenzform auf, so war die Begegnung des Christentums mit der Stadt andererseits lange Zeit mit einer scharfen Stadtkritik verbunden. Eine kritische Distanz zu den Städten als gottlose Aufenthaltsräume begleitete die Kirche durch alle Jahrhunderte. Freiheit und Vielfalt sind bis heute eine Provokation für jeden Fundamentalisten geblieben; der Reichtum urbaner Lebensformen und Überzeugungen bleibt ihm ein Gräuel. Es hat bis ins 20. Jahrhundert gedauert, dass die Stadt als Ort der Gottesbegegnung von Theologen und der Kirche neu entdeckt wurde. [...]

Es gibt kein generelles Rezept für kirchliches Handeln in der Stadt. Die Bedingungen in Cottbus sind andere als in Flensburg, in Magdeburg andere als in München. Gemeinsam ist ihnen aber allen, dass die klassische »Parochie«, die Gemeinde, die die Kirchenmitglieder eines bestimmten Stadtteils umfasst, als ein ursprünglich dörfliches Modell im städtischen Kontext ergänzungsbedürftig ist. [...] Städter leben in Bezügen, die nicht nur im unmittelbaren Wohnumfeld bestehen. Sie sind in ihrem alltäglichen Leben schon allein räumlich verschieden orientiert: Quartiere, Milieus, Szenen und Netzwerke greifen über den Rahmen der klassischen Parochie hinaus, und Menschen suchen sich, je nach Anlass und Ziel, ihre Bezugspunkte und Orte. In vielen Städten ist der evangelischen Kirche mit der Entwicklung der Citykirchenarbeit eine Ergänzung zur Parochie gelungen, die nicht einen Wohnbezirk im Blick hat, sondern beispielhaft für das ganze städtische Gemeinwesen arbeitet. [...] Mit dem Anspruch, die gesamte Stadt im Blick zu haben, markieren die Stadtkirchen zudem in neuer Weise ihren alten Standort: die Mitte der Stadt. Hier wurden sie vor Jahrhunderten errichtet, um der Stadt eine Seele zu geben und zu zeigen: Dieser Ort vertraut nicht allein auf Menschenwerk, sondern auf Gott. [...]

Ralf Meister: Nicht endende Dynamik. Die Stadt bleibt die große Herausforderung für die Kirchen, in: Zeitzeichen 2/2008, S. 30–33

Arbeitsvorschläge

1. Der Verfasser beschreibt die Stadt als ambivalenten Lebensraum mit Chancen und Herausforderungen. Stellen Sie diese in einer Tabelle gegenüber. Differenzieren Sie dabei allgemeine Entwicklungen und solche speziell kirchlicher Art.
2. Stellen Sie sich vor, Sie seien Mitglied im Kirchenvorstand einer großstädtischen Kirchengemeinde. Auf der Tagesordnung der nächsten Sitzung steht der TOP: »Welches ›Gesicht‹ wollen wir unserer Kirchengemeinde in Zukunft geben und mit welchen Angeboten gehen wir auf die besonderen Herausforderungen unserer Stadt ein?« Simulieren Sie in der Lerngruppe mit ca. sechs bis acht Personen die Sitzung des Kirchenvorstands.

M 2.3 Christen in Halbdistanz - Fallstudien

Mit Blick auf die Kirchenmitglieder fällt sofort auf: Es gibt die Kirchennahen und die Kirchenfernen. Die Kirchennahen – das sind die, die man kennt, deren Namen und Gesichter in der Gemeinde bekannt sind. Man trifft sie am Sonntag im Gottesdienst; sie beteiligen sich an den Veranstaltungen in der Woche. Sie sind interessiert an Fragen des Glaubens. Sie sind bereit, sich für ihre Gemeinde einzusetzen. [...] Diese Kirchennahen werden gern als Kerngemeinde bezeichnet.

Anders als die Kirchennahen sind die Kirchenfernen. Auch sie fallen auf in der Gemeinde – vor allem dadurch, dass sie nicht da sind. Sie sind die, auf die die leeren Kirchenbänke warten. Sie sind die, deren Nichtkommen bei Veranstaltungen zu Enttäuschungen führt. Und wenn sie dann da sind, dann fallen sie auch auf, weil sie den Ablauf des Gottesdienstes nicht kennen und verschreckt durch das Gesangbuch blättern oder stumm dasitzen, während die anderen singen und beten. Sie kennen wenig vom Glauben: Lukas ist für sie der Lokomotivführer, und manche treten sogar aus der evangelischen Kirche aus, weil sie sich über Äußerungen des Papstes ärgern. Sie wissen wenig von der Kirche. Was sie glauben, können sie oft kaum sagen. Aber sie denken oft, dass Kirche einiges falsch macht.

Freilich – das ist ein grobes Bild. Die kirchensoziologischen Untersuchungen der letzten Jahrzehnte haben diese Gegenüberstellung aufgebrochen. Bei Umfragen hat sich herausgestellt: Viele der so genannten Kirchenfernen fühlen sich der Kirche grundsätzlich verbunden, man könnte sie als »Christen in Halbdistanz« bezeichnen. Für diese Gruppe sind die volkskirchlichen Verhaltensweisen typisch. Man geht ganz regelmäßig zur Kirche – aber eben einmal im Jahr, an Heiligabend. Man geht darüber hinaus selbstverständlich auch dann auf die Kirche zu, wenn es einen familiären Anlass gibt, bei Bestattungen, zur Taufe oder zur Konfirmation, nicht mehr so häufig zur Trauung. Man schätzt die Diakonie und schickt die Kinder in den Religionsunterricht, damit ihnen beigebracht wird, ein guter Mensch zu werden, aber der sonntägliche Gottesdienst und der genauere Inhalt der Bibel sind fremd. Jesus gilt als vorbildlicher Mensch, aber Trinität ist ein Fremdwort. So leben diese Menschen in einer gewissen Distanz zur Kirche. Stabil daran ist allerdings nicht nur die Distanz, sondern auch die Verbundenheit. Obwohl sie von den Kirchennahen nicht geliebt werden, halten sie an der Kirche fest: »Fremde Heimat Kirche«. Diese Gruppe ist nun unter den Kirchenmitgliedern die bei weitem größte. Die wirklich Kirchenfernen sind demgegenüber nur eine Randgruppe. Und die wirklich Kirchennahen sind zahlenmäßig ebenfalls eine Randgruppe. [...]

Drei Personen:

Kristina, 45 Jahre, Gymnasiallehrerin
Kristina unterrichtet Deutsch und Kunst. Sie selbst, ihr Mann und ihre Kinder spielen ein Musikinstrument. Musik und Kunst haben mit der Religion viel zu tun: Das Christentum hat große Teile unserer Kultur hervorgebracht, die Bautradition und die Passionsmusiken. In den Gottesdienst geht Kristina selten, ein schönes Frühstück, danach ein Buch lesen, das ist ihr wichtiger. Aber Kirchenmusik mag sie. So ist sie auf den Organisten an der Hauptkirche aufmerksam geworden. Wenn er im Gottesdienst eine Kantate aufführt, geht Kristina manchmal hin. Zum Glück predigt dann meistens Frau Dr. Degenhardt, nicht der dümmlich-naive Pfarrer Müller.

Bruno, 52 Jahre, arbeitet in einer Gärtnerei.
Bruno ist Nachbar der Küsterin. Durch diesen Kontakt kam es dazu, dass Bruno in der Gärtnerei zum Sonderpreis Blumen für die Kirche besorgt. Und er konnte seinen Chef davon überzeugen, zu Weihnachten den Baum für die Gemeinde zu stellen. Selbstverständlich kommt Bruno an Weihnachten mit seiner Familie in den Gottesdienst, um sich »seinen« Baum anzuschauen. Bruno mag die Geschichten von Jesus, er hat viele Wunder für die Leute getan und hatte ein offenes Ohr für ihre Sorgen.

Melanie, 35 Jahre, Single, MTA
Melanie arbeitet halbtags in einem Labor. Sie hat wenig mit Kirche zu tun. Die traditionelle Haltung der Kirche zu Ehe, Familie und bürgerliche Festlichkeit – das braucht sie nun wirklich nicht.

In der Stadtakademie hat sie einmal an einem Kurs für Frauen-Selbstverteidigung teilgenommen. Eine Pastorin war unter den Teilnehmerinnen, die erzählte etwas von feministischen Gottesbildern. Das hatte Kathrin fasziniert, sie fand die Pfarrerin glaubwürdig und ihren Glauben sehr eindrücklich. Mit Gott kann Kathrin nicht besonders viel anfangen. Die Übervatergestalt empfindet sie als moralisierend und eng. Da ist Jesus interessanter, der sich um die damaligen Konventionen nicht kümmerte und seinen eigenen Weg ging.

[...] Was verbindet denn Kristina, Bruno und Melanie miteinander – die 45-jährige Gymnasiallehrerin, den 52-jährigen Gärtner und die 35-jährige MTA? Immerhin haben alle drei Kinder, was man inzwischen längst nicht mehr als Regelfall beschreiben kann. Darüber hinaus verbindet die drei jedoch wenig. Sie hätten sich möglicherweise nicht viel zu sagen, wenn sie aufeinander treffen würden. [...]

Kirche, wenn sie gut ist, soll »Beteiligungskirche« sein, soll Menschen aktivieren, einbeziehen und auf diese Weise auch im Glauben stärken, so lautet das Ideal. Wir vermuten: Auch die Lust auf Beteiligung und die Art und Weise der Beteiligung sind eine Frage des Milieus. Schauen wir uns die Angelegenheit noch einmal aus der Sicht von Bruno, Melanie und Kristina an.

Kristina und ihre Beteiligung in der Kirche

Als Jugendliche hat Kristina mal eine Weile beim Kindergottesdienst mitgeholfen. Aber heute hat Kristina mit der Gemeinde wenig zu tun. Kristina ist in der Musikschule Elternsprecherin und organisiert jedes Jahr ehrenamtlich das Weihnachtskonzert.

Kristina liest ab und zu den Gemeindebrief und findet es gut, dass die Kirche viel für die Kinder und die Alten macht. Auch der Erntedankumzug, der macht den Stadtteil lebendig und bewahrt die schönen Traditionen, für Leute mit kleinen Kindern ist das ein tolles Angebot. Kristina hat das Gefühl: Kirche ist eine gute Sache und es lohnt sich, sie zu unterstützen. Am besten kann sie das wohl mit ihren Kirchensteuern und gelegentlichen Spenden, wenn etwa die Orgel der Hauptkirche überholt werden muss oder die Gemeinde ein Obdachlosenprojekt macht.

Bruno und seine Beteiligung in der Kirche

Was soll Bruno in der Kirche denn machen? Es gibt doch den Pfarrer, der hat sein Fach gelernt, da muss Bruno nicht reinreden. Für das Gemeindefest backt seine Frau immer Kuchen, den er dann morgens rüberbringt. Ansonsten hat Bruno mit den Gemeindeaktivitäten nichts zu tun, er kennt dort auch kaum jemanden.

Im Fußballverein ist das etwas anderes, da müssen einfach alle mit anpacken, darum kümmert er sich im Vereinshaus bei Feiern um die Getränke, er hat auch schon mal beim Renovieren mitgemacht. Wenn man sich kennt und an einem Strang zieht, kann man eine Menge auf die Beine stellen.

Melanie und ihre Beteiligung in der Kirche

Letztes Jahr kam eine Benachrichtigung zur Kirchenwahl mit der Post. Es war interessant, zu schauen, was das für Leute sind, die sich da zur Wahl stellen. So ganz hat Melanie aber nicht verstanden, welchen Zweck diese Wahl hat, denn entscheiden nicht der Pfarrer und die Leute, die da immer hingehen, was in der Kirche passiert? Vielleicht könnte sich etwas verändern, wenn die richtigen Leute dabei wären und Druck machen würden. Aber das ist wie in der Politik: Für echte Neuerungen gibt es selten eine Mehrheit. Dann werden es wieder Kompromisse, und am Ende bleibt alles beim Alten.

Claudia Schulz/Eberhard Hauschildt/Eike Kohler: Milieus praktisch. Analyse- und Planungshilfen für Kirche und Gemeinde, Göttingen ^{3}2010, S. 19 ff.; 28 f.; 293

Arbeitsvorschläge zu M 2.3

1. Kirchenmitglieder in der »Halbdistanz« - die Mehrheit in den Kirchengemeinden! Vor welche Probleme stellen die Menschen aus heterogenen Milieus die Kirchengemeinden?
2. Wie gehen Kirchengemeinden mit den Menschen aus unterschiedlichen ›Milieus‹ um? Die Verfasser stellen folgende gängige Position dar:
   »Nun könnte man doch sagen: Kristina, Bruno und Melanie mögen zwar unterschiedliche Interessen haben - die eine liest anspruchsvolle Bücher, der andere geht auf den Fußballplatz und die dritte macht gern Sport - aber das hat doch nichts zu tun mit dem Angebot, das die Kirche den Menschen macht. In der Kirche geht es doch um das allen Menschen Gemeinsame. Vor Gott sind doch alle gleich. Sollte man dann nicht aufhören, überhaupt verschiedene Gruppen unterscheiden zu wollen, wenn doch die christliche Botschaft für alle gilt? Eine Gemeinde sollte doch ausstrahlen: ›Wir wenden uns an alle Menschen. Unsere Kreise und Gruppen, unsere Gottesdienste und Angebote sind offen für alle.‹«
   Wie würden die drei Personen aus dem Text auf diese Position reagieren? Schreiben Sie eine kurze Stellungnahme der Drei für die Kirchenzeitung der Gemeinde.
3. Die Wissenschaftler haben sechs verschiedene Milieus identifiziert, die mit der Kirche zu tun haben. Ordnen Sie die drei Personen den skizzierten Milieus zu und begründen Sie Ihre Zuordnung. Welchem Milieu würden Sie sich selbst zuordnen?

Tabelle 7: Sechs Milieus evangelischer Kirchenmitglieder auf einen Blick

Milieu (Anteil Kirchenmitglieder)	Alter (besondere Geschlechterverteilung)	Bildung/ Berufsstatus	Wichtig im Leben	Freizeit und Musik
Die Hochkulturellen (13%)	ab Mitte 50, Durchschnitt bei 63 Jahren (2/3 Frauen)	eher hoch	für andere da sein, Leben in gleichmäßigen Bahnen, gesellschaftliches Ansehen, gehobener Lebensstandard	klassische Musik, Theater, Literatur
Die Bodenständigen (16%)	ab Ende 50, Durchschnitt bei 65 Jahren (2/3 Frauen)	eher niedrig	für andere da sein, Leben in gleichmäßigen Bahnen, Sparsamkeit, naturverbundene Lebensweise	Geselligkeit, Nachbarschaftskontakte, Volksmusik
Die Mobilen (22%)	14–40, selten älter, Durchschnitt 29 Jahre	eher höher	Lebensgenuss, gutes, attraktives Aussehen, Unabhängigkeit	Rock- und Popmusik, Kino, Disko, Computer, Aktivsport, stark unterdurchschnittliche Nachbarschaftskontakte
Die Kritischen (14%)	breit gestreut von 25 bis 65, Durchschnitt 44 Jahre (2/3 Frauen)	eher hoch	Engagement für andere, Reflexion, Lebensgenuss	Breiter Musikgeschmack: Klassik, Rock- und Pop, keine Volksmusik, Theater, Kino, Aktivsport, Bücher, Weiterbildung, Kunst und Musik
Die Geselligen (18%)	30–50 Jahre, Durchschnitt 43 Jahre (Männer überrepräsentiert)	durchschnittlich oder höher	Lebensgenuss, Leben in gleichmäßigen Bahnen, Familie	Kontakte mit Nachbarn/Freunden/Familie, Do-it-yourself, Gartenarbeit, Aktivsport, Kino, Rock- und Popmusik
Die Zurückgezogenen (16%)	40 Jahre, breite Streuung, Durchschnitt 53 Jahre	gering	Leben in gleichmäßigen Bahnen, Lebensgenuss, Sparsamkeit	Interesse an Volksmusik, Distanz zu Hoch- und Jugendkultur und geselligem Freizeitverhalten, wenige Nachbarschaftskontakte

4. Suchen Sie sich ein Milieu aus der Tabelle heraus. Was erwarten Menschen aus diesem Milieu von/m
   - Gottesdienst und Predigt
   - besonderen Angeboten der Kirche
   - Pastor

   Worüber würden sich Menschen aus diesem Milieu in der Kirche ärgern?

M 2.4 Projekt: »geistreich«

Einladung zur Jugendkirche Hannover, Fotograf: Bernd Schwabe in Hannover © wikimedia

Wissen Sie, wie Kirchengemeinden heute aufgestellt sind, wie sie arbeiten und welche Angebote sie machen? Oder hängen Sie noch dem Klischee nach, Kirche sei etwas für Alte, Kranke und Hilfsbedürftige und beschränke sich auf antiquierte Gottesdienste und drögen Konfirmandenunterricht?

Das Projekt »geistreich« möchte Sie anregen, sich ein Bild davon zu machen, wie sich Kirchengemeinden den gesellschaftlichen Herausforderungen heute stellen. Im Artikel »Kirche in der Stadt« wurde bereits die Konzeption der Citykirchen[1] angesprochen, die erfolgreich und innovativ auf die veränderte Situation der ›Kirche in der Stadt‹ reagieren. Oder: Am 1.2.2013 titelte beispielsweise das »Westfalen-Blatt« mit der Schlagzeile: »Ein ganz neues Kirchenerlebnis« und berichtete vom Jugendkirchentag im Kirchenkreis Herford, der von 570 Konfirmanden besucht und im Stil der »großen« Kirchentage durchgeführt wurde. Den Jugendlichen wurde dort nicht nur ein mitreißender Gottesdienst mit »Message« und Rockmusik, sondern auch Workshops für »coole Jungs« und ein Mädchencafé angeboten.

Ähnliche zielgruppenorientierte Offerten bieten beispielsweise Jugendkirchen[2], »Kirche für andere«, Pfingstkirchen, Ökumenische Kirchen, Tourismuskirchen, die Deutschen Evangelischen Kirchentage[3] oder Klöster[4]. Im hier vorgeschlagenen Projekt »geistreich« recherchieren Sie attraktive Konzepte kirchlicher Arbeit im Internet, werten diese kritisch aus und stellen Sie in der Lerngruppe vor.

Fündig werden Sie auch auf der Internetseite »geistreich. reichlich evangelisch«[5] der EKD, die als »Plattform zum Austausch kirchlichen Erfahrungswissens« eingerichtet wurde, um den »großen Schatz an pfiffigen Ideen, gelungenen Projekten und praktischem Wissen mit Anderen zu teilen«. Im Bereich »erfahrungsreich« findet man dort beispielsweise Projekte wie »Abends ins Theater, morgens in den Gottesdienst«[6], in dem ausgewählte Stücke aus Schauspiel und Oper in den Sonntagsgottesdienst integriert werden, oder alternative Gottesdienste im Baumarkt[7], einer Diskothek[8] oder Tatort-orientiert[9]. Da kann unter dem Motto »Rent a Pastor«[10] ein Date mit dem Pfarrer verabredet oder eine ganze Nacht[11] gemeinsam mit Musik, Gottesdiensten, Sport und Spielen verbracht werden … und viel »Geistreiches« mehr!

[1] http://www.citykirchenprojekte.de/index.php?id=261; http://www.citykirchenprojekte.de/index.php?id=198; http://www.ekd.de/EKD-Texte/57061.html

[2] Z. B. Jugendkirche Hannover, http://www.geistreich.de/experience_reports/141

[3] http://www.kirchentag.de

[4] Z. B. Abtei Königsmünster www.koenigsmuenster.de/ und die Klostertagebücher 1–3 von Andi Poll auf Youtube.

[5] http://www.geistreich.de/

[6] http://www.geistreich.de/experience_reports/668

[7] http://www.geistreich.de/experience_reports/430

[8] http://www.geistreich.de/experience_reports/90

[9] http://www.geistreich.de/experience_reports/54

[10] http://www.geistreich.de/experience_reports/744

[11] http://www.geistreich.de/experience_reports/723

Arbeitsvorschläge

1. Erforschen Sie, ob es in Ihren Kirchengemeinden vor Ort »geistreiche« Projekte gibt.
2. Recherchieren Sie im Internet besonders gelungene »geistreiche« Konzepte und stellen Sie diese in einer Präsentation vor.

M 3.1 Evangelisch als Marke?

Kann die evangelische Kirche von der Wirtschaft lernen? [...]

Wer Erwartungen und Ansprüche an eine Dienstleistung hat, ist ein Kunde. Das gilt auch für Christinnen und Christen im Verhältnis zu ihrer Kirche. Dabei kann man auf den Begriff Kunde zwar verzichten, nicht aber auf das, was zum Selbstverständnis eines Kunden gehört. [...] Lässt sich die evangelische Kirche als Marke definieren? Die Antwort lautet ja! Für Claudia Fischer-Appelt, Chefin und Kreativ-Direktorin der renommierten Agentur Ligalux in Hamburg, ist die Kirche sogar die »Mutter aller Marken«. Marketing-Berater Andreas Bauer (Hannover) sieht in der Kirche die einzige Marke der Welt, die über sich hinausweist. [...] Wer möchte vor diesem Hintergrund ernsthaft widersprechen, dass »evangelisch« ein Markenname sei?

Produkte sind längst nicht mehr nur bloße Gebrauchsartikel. Mehr und mehr werden mit ihnen Werte, Sinn und ein guter Zweck angeboten. So hat die Kirche als »Haus, das die Träume der Menschen verwaltet« (Fulbert Steffensky) längst Konkurrenz durch Wirtschaftsunternehmen bekommen, deren Markenwelten zunehmend emotionale Mehrwerte bis hin zu spirituellen Bestandteilen bieten. Sie sehen sich als Sinnstifter, bieten eine ideelle Heimat und Geborgenheit und Orientierung in einer komplexen Welt. Nicht zuletzt auch deshalb, weil die Kirche es anderen Anbietern überlässt, sich ihrer Symbole und Rituale zu bedienen.

[...] Was ist eine Marke? Marketing-Pionier Heribert Meffert bietet folgende Definition, die auch auf die Kirche übertragen werden kann: »Eine Marke ist ein in der Psyche des Kunden und sonstigen Bezugsgruppen fest verankertes, unverwechselbares Vorstellungsbild eines Produktes oder einer Dienstleistung.« Eine Schlüsselkategorie in der Markenbildung ist die Wiedererkennbarkeit. Sie umfasst äußere Faktoren wie Farbe, Logo und Slogan(s). Wer wollte bestreiten, dass violett ein Kennzeichen der evangelischen Kirche ist, aber auch der schwarze Talar mit Beffchen[1] oder das eingeführte Motto »Evangelisch aus gutem Grund«?

Zur Markenbildung gehören aber auch inhaltliche Faktoren. Zum Beispiel die *Orientierungsfunktion:* Die Marke bietet in der Flut der Möglichkeiten, unter denen gewählt werden kann, eine klare Identifikation und somit eine Entscheidungshilfe. Eng verwandt mit diesem Instrument ist die *Entlastungsfunktion:* Bei der Marke weiß man, was man hat. Mit ihr vermittelt sich auch das Vertrauen, dass sie mit neuen Entwicklungen Schritt hält und stets das Optimale bietet.

© Buena la Vista AG, Würzburg

Eine Marke lebt davon, dass sie Vertrauen schafft – *Vertrauensfunktion* – und eben dieses nicht enttäuscht. Sie hält ihr Versprechen. Ich muss keine andere ausprobieren und kann sie auch weiterempfehlen. Jede Marke hat ihren Wert – *Prestigefunktion.* Wer eine bestimmte Marke wählt, unterscheidet sich. Zudem bringt diese Entscheidung auch eine besondere Zugehörigkeit zum Ausdruck. Eine Marke bietet auch eine *Identifikationsfunktion.* Sie stellt positive Leitbilder und nachahmenswerte Vorbilder zur Verfügung. Schließlich die *Qualitätssicherungsfunktion:* Eine Marke steht für Qualität und bürgt für sie.

[...] Nicht die Werbung macht die Marke, sondern das erlebte Produkt. Beides gilt auch für die evangelische Kirche. So bringt die schönste Werbung für den Besuch des Gottesdienstes nichts, wenn der Eingeladene im Vergleich mit früheren Erfahrungen zu dem Schluss kommt, dass sich nichts verändert hat – der Gottesdienst lieblos gestaltet wurde, die Predigt farblos geblieben ist. Negative Gefühle werden dadurch sogar noch verstärkt. Eine Institution – dies gilt nicht nur für die Kirche – gewinnt nicht dadurch an Ansehen, dass über sie positiv berichtet wird. Vielmehr muss die Darstellung in der Öffentlichkeit mit den Erfahrungen übereinstimmen, die mit dieser Institution gemacht werden. Das Image – und das wird zum Beispiel ganz wesentlich bestimmt durch das, was Menschen vor Ort in ihrer Gemeinde erleben – besteht aus vielen Facetten. Selbstbild, Fremdbild und Wunschbild stimmen nur im Idealfall miteinander überein. Es muss aber der Anspruch bestehen, diesen anzustreben.

Ob »evangelisch« tatsächlich markentauglich ist, dazu lassen sich reichliche Einwände formulieren. Kann die evangelische Kirche ihr äußeres und inhaltliches Erscheinungsbild – wenigstens in einem bestimmten Maß – vereinheitlichen? Eine Wiedererkennbarkeit ist ja dann nicht gewährleistet, wenn sie mal so, mal so auftritt. Hinzu kommt: »Evangelisch« besitzt dann keine Orientierungsfunktion, wenn es inhaltlich, aber auch im Logo das notwendige Niveau an Gemeinsamkeit unterschreitet. Marken grenzen ab: »Der gehört nicht dazu.« Geht das in der Kirche?

Ein weiterer Aspekt: die protestantische Fülle. »Vielfalt ist keine Marke«, sagt Marketing-Berater Andreas Bauer klar. Schließlich: Wie fühlt sich »evangelisch« an? Mit anderen Worten: Wie kann die Kirche des Wortes (mehr) Emotionen wecken, ohne die notwendige Balance zwischen Gefühl und Vernunft aufzugeben. Ganz zu schweigen vom Produkt und vom Preis, der zum Bestandteil einer Marke gehört. Aber zu den weiteren Elementen wie Vertrieb und Kommunikation ergeben sich Anknüpfungsmöglichkeiten, weil sie das Image bestimmen: Welche Angebote hat die Kirche? Wem kommen sie zugute? [...]

Wer die Rede von der Marke in der evangelischen Kirche nicht nachvollziehen kann, muss zur Kenntnis nehmen, dass es hier bereits Marken gibt. Und zwar erfolgreiche: chrismon zum Beispiel, und auch die *Zeitzeichen, epd* und *idea, Brot für die Welt,* die *Diakonie.* Und über allem als Dachmarke die *EKD.* Es ist vielleicht ein zu kühner Gedanke, von der »EKD Group« zu sprechen – unter der sich ganz selbstverständlich andere profilierte Marken einfinden können. Die Landeskirchen etwa, Einrichtungen, Werke, Medienunternehmen, und so weiter. Die evangelische Kirche ist bereits das, was in Wirtschaft und Medien anzutreffen ist. Zwei Beispiele: Der Volkswagen-Konzern umfasst unter dieser Dachmarke profilierte Fabrikate: Audi, Seat, Skoda, VW. [...].

Neben diesen nicht unwichtigen formalen Markengesichtspunkten stellt sich die Frage, ob das, was die Kirche inhaltlich bieten kann und will, zu einer Markenphilosophie taugt, die auch in der Praxis trägt. So muss jedes Unternehmen seine Mission formulieren. Für die evangelische Kirche hieße das: das Evangelium an Mann und Frau zu bringen. Die Vision: Möglichst viele Menschen mit dieser Botschaft zu erreichen. Das Ziel: Evangelischsein als attraktiv, glaubens- und lebensförderlich erscheinen zu lassen. [...] Dass dies nötig ist, dürfte ernsthaft niemand bestreiten

[1] Beffchen: Halsbinde aus weißem Leinen

Udo Hahn: Evangelisch als Marke. Was wir Kirchenleute von der Wirtschaft lernen können – und sollten, in: Zeitzeichen 11/2007, S. 18–19

Arbeitsvorschläge

1. Recherchieren Sie im Internet Marken, die Sinnstiftung, eine ideelle Heimat und Geborgenheit und Orientierung in einer komplexen Welt bieten. Präsentieren Sie eine solche Marke in der Lerngruppe.
2. Wählen Sie eine kirchliche ›Marke‹ aus (chrismon, Zeitzeichen, epd, idea, Brot für die Welt, Diakonie, EKD) und präsentieren Sie in der Lerngruppe die Charakteristika dieser Marke.
3. Entwickeln Sie ein prägnantes Logo und einen Slogan für »Evangelisch«. Beachten Sie dabei die sechs Funktionen, die der Verfasser für eine glaubwürdige Marke anführt.

M 3.2 Kirche auf dem religiösen Markt

Anfangen möchte ich mit einer Geschichte, die zu erzählen mir meine Frau verboten hat. [...] Die geht folgendermaßen: Ein englischer Graf reitet jeden Morgen aus seinem Schloss in den Wald. Immer, wenn er um die Ecke biegt, begegnet er einer wunderhübschen Dame mit Hündchen. Sie grüßen einander, aber mehr tut sich nicht. Der junge Graf würde zu gern mit ihr ins Gespräch kommen, weiß aber nicht, wie er das anstellen soll, erzählt es seinem Freund, und dieser sagt: »Ist doch ganz einfach. Streich dein Pferd grün an. Wenn du dann wieder an ihr vorbei reitest, und sie sieht dein Pferd, wird sie überrascht ausrufen: ›Why did you paint this horse green?‹ Und du wirst antworten, weil du gehofft hattest, dass sie das fragen wird, und du damit endlich mit ihr ins Gespräch kommst. Sie wird gerührt sein, ihr werdet noch eine Weile miteinander sprechen und euch für den nächsten Abend zum Essen in der Stadt verabreden. Dort werdet ihr einander näher kommen, ihr werdet euch öfter treffen, ins Konzert gehen, ins Kino, Theater. Irgendwann wirst du sie zu dir auf dein Schloss einladen, und im Sommer macht ihr Urlaub in Manila. Dort werdet ihr am Strand liegen und zum ersten Mal miteinander Sex haben.« »Toll«, sagt der Graf, »das mach' ich«. Noch am gleichen Tag streicht er sein Pferd grün an. Am nächsten Morgen begegnet er wieder der Dame seines Herzens, sie sieht das Pferd, und tatsächlich – sie fragt: »Why did you paint this horse green?«Der Graf antwortet: »Because I want to fuck you in Manila.«

So zielstrebig, ergebnisorientiert und erfolgsversessen wie dieser Graf gehen heute die Parteien auf uns Wähler los, die Unternehmen auf ihre Kunden, und neuerdings auch die Kirchen auf ihre Mitglieder und nicht Nichtmitglieder. Marktpenetration lautet der Fachausdruck dafür. Und mittlerweile gehören auf ausdrückliche Empfehlung von McKinsey[1] auch die Kirchen zu diesen Penetranten. Darum ist die Welt voll von grün angestrichenen Pferden, die unter mannigfachen Namen mal als Event, mal als Talkshowpräsenz oder als Promi-Auftrieb und danach wieder als PR, Lifestyle oder Erlebnisgastronomie aufmerksamkeitsheischend an uns vorbeitraben, und die Bischöfe gucken sich diese Pferdchen genau an in der Hoffnung, den einen oder anderen Wallach vielleicht auch mal für die eigenen Anliegen einspannen zu können. Sie tun das, seit die Leute von McKinsey ihnen eingeredet haben, sie müssten die Kirche als ein Unternehmen betrachten, das auf dem Markt der Weltanschauungen und Religionen nach allen Regeln der Kunst etabliert werden müsse. Und dazu sei es nötig, sein Personal zu professionalisieren, ihm eine Servicegesinnung anzutrainieren und es dazu zu kriegen, die Leute als Kunden anzusprechen. Das Pfarramt soll in eine professionell gemanagte Sinnvermittlungsagentur umgewandelt werden.

Wer das tut, der muss sich über eines im Klaren sein: Wenn er mich als Kunden anspricht, dann verhalte ich mich auch wie ein Kunde, nämlich ökonomisch. Das heißt: Ich versuche möglichst viel zu bekommen und dafür möglichst wenig zu geben. Geiz ist geil, und wenn's was umsonst gibt, überwindet man seine Schwellenangst und schaut halt mal rein. Das ist – nebenbei – die genaue Umkehr dessen, was Jesus getan hat. Der hatte die Latte ungeheuer hoch gehängt, der wollte von jedem das Maximum, nämlich sein Leben. Und was er dafür zu bieten hatte, das war das Kreuz, Hohn, Spott und Verfolgung. Selbstverständlich erscheint so etwas dem durchschnittlichen, normalen Zeitgenossen als der Gipfel der Verrücktheit.

Ich verstehe daher, dass die Pfarrer und Bischöfe unter dieser Verrücktheit, diesem ökonomischen Unsinn leiden. Aber auf diesem »Unsinn«, dieser Torheit des Kreuzes gründet die Kirche. Als Jesus am See Genezareth Petrus fischen sah, sagte er: Folge mir nach. Er sagte nicht: Hey, ich geb heut' Abend eine coole Party, das ist der Event des Jahres, komm' doch heut' Abend mal vorbei, wenn du gerade Zeit hast, sondern er sagte: Hör' jetzt auf zu fischen, sofort, fische überhaupt nie mehr, häng' deinen Beruf an den Nagel und folge mir in eine ungewisse Zukunft. Und Petrus, dieser Verrückte tut das. Jeder Vernünftige sagt sich: Das kann nicht gut gehen. Und es ging ja auch nicht. Die Sache endete am Kreuz, zuerst für Jesus, später für Petrus. Die Vernünftigen haben also recht. Aber: Der verrückte Entschluss des Petrus, seine sichere Existenz aufzugeben, hat die Existenz von Generationen von Pfarrern und Bischöfen bis heute gesichert, und neuerdings wird damit sogar die Existenz von Unternehmensberatern gesichert.

Aber heute sind Pfarrer und Bischöfe dabei, das Gegenteil, das »Vernünftige« zu tun. Sie wollen die

Existenz der Kirche dadurch sichern, dass sie ihre Kirche als Nützlichkeits-Organisation etablieren, als Unternehmen, das seine Botschaft als eine Ware anbietet, deren Wert in ihrer Funktionalität für einzelne, Gemeinschaften und Staaten liegt. Sie wollen den Leuten weismachen, eine Mitgliedschaft in der Kirche rechne sich, zahle sich aus.

Kann man machen. Man darf sich dann aber nicht wundern, dass die Falschen kommen. Wenn ich sage: Kommt zu mir, hier gibt's was zu konsumieren, einen Event, etwas fürs Herz, für den Kopf oder den Bauch, dann kommen, die konsumieren wollen, die Passiven, die betreut werden möchten, die etwas geboten bekommen wollen, und dann muss ich beständig dafür sorgen, dass sie wieder kommen, und dabei wird man merken, dass dieser Kunde von heute verwöhnt ist, schwer zufriedenzustellen, flatterhaft, untreu und oberflächlich. Der kauft heute hier, morgen dort, will heute dies und morgen das.

Dieser moderne Sinn-Nachfrager von heute möchte dann bitteschön, wie überall, aus einem großen Sortiment auswählen können, und darum tut die Kirche gut daran, in ihren christlichen Spezialitätenhandel auch islamische, sufitische[2], buddhistische und esoterische Produkte aufzunehmen. Und das eigene originäre Angebot muss beständig umdesignt, den wechselnden Bedürfnissen des Marktes angepasst werden, und der Pfarrer bzw. Verkäufer muss einen Riecher dafür entwickeln, wenn es mit dem Spiritualitäts-Hype zu Ende geht und ein neuer Hype sich ankündigt.

Das Evangelium muss von allerlei anstößigen, geschäftshemmenden Verunreinigungen befreit werden, beispielsweise von dem maßlosen Anspruch Gottes aufs Ganze der menschlichen Existenz. Auch die Bibel sollte man einer Revision unterziehen. Wer mir nachfolgt, der nehme sein Kreuz auf sich (Mk 8,34) – solche und ähnliche Sprüche, auch die Opferungsgeschichte von Isaak und Abraham (Gen 22) und viele weitere Geschichten bedeuten für den modernen Zeitgenossen eine unannehmbare Zumutung. Also weg mit solchen Zumutungen. Der Kunde zahlt doch nicht dafür, dass er sich Ärger einhandelt und sein Leben beschwerlicher wird. Wellness, Wohlfühlen ist angesagt, Probleme will der Kunde loswerden. Wer ihm stattdessen neue Probleme aufhalst, hat keine Ahnung vom Geschäft.

So denkt McKinsey. So soll die Kirche denken, rät McKinsey. *Soll sie denn nicht so denken?* [...]

[1] McKinsey & Company ist eine weltweit agierende Unternehmens-Beratung.

[2] Sufitisch: Sufismus ist eine asketisch-mystische Strömung im Islam.

Christian Nürnberger: »Super:VISION – Citykirchenarbeit aus anderer Perspektive«, Bundestagung »Netzwerk Citykirchenprojekte«, Augsburg, 17.4.08

Arbeitsvorschläge

1. Durch welche Merkmale zeichnet sich der Kunde im (religiösen) Markt aus?
2. Mit welchen theologischen Argumenten wendet sich der Verfasser dagegen, dass die Kirche als Anbieterin auf dem religiösen Markt tätig ist?
3. Arbeiten Sie in einer Gruppe mit der Placemat-Methode und schreiben Sie in die Mitte des Placemat die letzte Frage des Textes.

   Placemat-Methode:
   In der Mitte eines Tisches liegt ein DIN-A3-Blatt mit vier Feldern und einem Rechteck-Feld in der Mitte. In der Mitte steht ein Satz, eine These, eine Frage. Jeder Schüler setzt sich mit diesem Impuls auseinander und schreibt seine Meinung in eines der Außenfelder. Anschließend werden alle Beiträge vorgelesen und in der Gruppe diskutiert.

M 3.3 Umwidmung einer Kirche

Am 12. Juni 2012 veröffentlichte der Evangelische Pressedienst (epd) einen Artikel mit der Schlagzeile: »Wenn kirchliche Gebäude zum Verkauf stehen«[1], der die Frage der Umnutzung oder des Verkaufes kirchlicher Gebäude angesichts leerer Kirchenkassen und zurückgehender Mitgliederzahlen thematisiert.

Ein Beispiel für eine solche Umwidmung eines Kirchengebäudes ist das Restaurant »Glück und Seligkeit« in Bielefeld-Bethel, das 2004 in der im 19. Jahrhundert erbauten evangelischen Martini-Kirche eingerichtet wurde. Im Werbeflyer des Restaurants heißt es dazu: »Die moderne Innenarchitektur und das spannende Lichtszenario verbinden sich mit dem neugotischen Raum zu einem stilvollen Ensemble mit intensiver Wirkung. Sinnlich, paradiesisch, geistreich. Ein Ort, der sich trotzdem noch ein bisschen von seinem alten Geheimnis bewahrt hat, wurde so zu einem Refugium jenseits von alltäglichem Stress und mannigfaltiger Unruhe. In fünf verschiedenen Bereichen können Sie mit allen Sinnen genießen.«

Restaurant Glück und Seligkeit Bielefeld, © Ute Mai

Während in Bielefeld inzwischen laut Zeitungsberichten auch Pfarrer gerne in der umgewidmeten Kirche essen gehen, lehnen beide Kirchen den Verkauf von Gebäuden an muslimische Religionsgemeinschaften ab. Die Evangelische Kirche in Deutschland führt bereits 2006 folgende Einwände gegen eine Umwidmung an[2]: »Obwohl Kirchengebäude aus reformatorischer Sicht nicht als heilige Räume gelten, muss man doch sehr wohl zwischen ihrem Gebrauchswert und ihrem Symbolwert unterscheiden. Bei der Überlassung von Kirchen an muslimische Gemeinschaften geht es vor allen Dingen um deren Symbolwert. Die Aufgabe von Kirchen als solche ist nach wie vor in Gemeinden schwer zu vermitteln, weil viele Menschen zu ihren Kirchen eine emotionale Bindung haben. Die Umwidmung einer Kirche in eine Moschee wird oftmals von vielen Christen nicht nur als ein persönlicher Verlust empfunden, sondern kann darüber hinaus auch zu Irritationen in der öffentlichen Wahrnehmung führen: Der äußere Symbolwert der Kirche bleibt erhalten, im Inneren wird jedoch eine andere Religion praktiziert. So entsteht in der Öffentlichkeit der Eindruck, die Christen würden vor dem Islam zurückweichen, oder Islam und Christentum seien letztlich austauschbare Religionen.«

Kapernaum-Kirche Hamburg-Horn, Fotograf: Joern M © wikimedia

2005, ein Jahr vor Veröffentlichung des EKD-Papiers, wurde in Hamburg-Horn die 2002 entwidmete evangelische Kapernaum-Kirche an einen Investor verkauft. Dieser veräußerte das Kirchengebäude 2012 an das 1993 gegründete islamische Zentrum Al-Nour in Hamburg, das darin nun eine Moschee errichten möchte, die nach umfangreichen Sanierungsarbeiten und Kosten von gut 1 Mio. Euro zum Tag der deutschen Einheit am 3.10.2013 eröffnet werden soll. Der Vorstandsvorsitzende von Al-Nour, Daniel Abdin, äußerte sich gegenüber der Zeitung »Die Welt«, dass er sich freue, eine »denkmalgeschützte Kirche« erhalten zu können. Das Projekt: »Außen Kirche, innen Moschee« solle, so Abdin, zur »Integration« und zum »Dialog der Religionen« führen, schließlich seien Juden, Christen und Muslime »die Völker der Offenbarung«. Den geplanten Umbau sieht der Präsident des EKD-Kirchenamtes in Hannover, Hans Ulrich Anke, allerdings kritisch: »Die Kirche sei ›der Ort, an dem das Evangelium von Jesus Christus gepredigt und gelebt wird‹ [...] Das könne man ›nicht einfach abschalten und den Raum fürs Predigen anderer Gottesbilder zur Verfügung stellen‹. Auch veränderte Nutzungen ehemaliger Kirchen sollten dem ursprünglichen Charakter des Gebäudes Rechnung tragen. Das habe damit zu tun, dass ›bei Kirchen auch die Steine predigen‹. Menschen, die hier jahrelang Gottesdienste erlebten und hier getauft, konfirmiert und getraut worden seien, würden auch mit dem Gebäude eine sehr persönliche Geschichte verbinden.«[3]

Auf der Internetseite der Hamburger Morgenpost wird die Umwidmung der Kirche ebenfalls kontrovers diskutiert.[4] Hier einige Beispiele:

- »Die armen Nachbarn! Die werden sich noch wundern! – Übrigens: das Äußere der Kirche steht unter Denkmalschutz! Da kann sich der Imam das Abschrauben des Kreuzes mal schön abschminken!«
- »Mich empört nicht die geplante Umwidmung (im Gegenteil), sondern die Scheinheiligkeit einiger Kirchenvertreter, die jetzt öffentlich rumjammern. Wenn es ihnen wirklich so wichtig gewesen wäre, was mit dem Haus geschieht, hätten sie es entweder nicht verkaufen oder eine Klausel in den Vertrag schreiben sollen, was der oder die Käufer damit machen dürfen und was nicht. Und wenn sie ihr eigenes Geschwätz vom Dialog der Religionen ernst nähmen, würden sie sich freuen, dass das Gebäude überhaupt als ›Gotteshaus‹ erhalten bleibt, anstatt über Unterschiede im ›Gottesbild‹ zu faseln.«
- »Die neuen Gläubigen helfen nun sicher auch Christen in ihren Heimatländern, damit dort Moscheen in Kirchen umgewandelt werden.«
- »›Tag der deutschen Einheit‹ wird mit ›Tag der offenen Moschee‹ zusammengelegt ... Bald heißt es einheitlich ›Tag der Deutschen Moschee‹ ... Wenn eine Kirche in eine Moschee umgewandelt wird, hat die ganze Geschichte auch eine symbolische Bedeutung, die man als Christ nicht gutheißen kann.«
- »Ich bin schockiert! Christen werden weltweit von Muslimen verfolgt und ein Gotteshaus wird umgebaut zu einer Moschee.«
- »Es ist schon bemerkenswert, wie viele der Kommentare hier frei von jeglicher Kenntnis und noch schlimmer bar jeglicher Toleranz sind. Es ist doch schön, wenn ein früherer Ort des Gebetes wieder einem solchen Zweck zugeführt wird, haben doch beide Konfessionen im Kern dasselbe Ziel, ein wenig Einkehr und Ruhe von den Nöten und Sorgen des Alltags zu finden.«

[1] http://www.ekd.de/aktuell_presse/news_2012_06_12_2_kirchengebaeude.html

[2] Klarheit und gute Nachbarschaft. Christen und Muslime in Deutschland. Eine Handreichung des Rates der EKD, EKD-Texte 86, Hannover 2006, S. 69

[3] http://www.welt.de/regionales/hamburg/article113400283/Wenn-aus-einer-Kirche-eine-Moschee-werden-soll.html (eingesehen am 8.2.2013)

[4] http://www.mopo.de/nachrichten/spektakulaerer-umbau-in-horn-evangelische-kirche-wird-zur-moschee,5067140,21646518.html (eingesehen am 8.2.2013)

Arbeitsvorschläge

1. Schreiben Sie einen eigenen Blog, in dem Sie Stellung nehmen zur Umwidmung der Kapernaum-Kirche und zu den auf der Internetseite der Hamburger Morgenpost veröffentlichten Blogs.
2. Führen Sie eine Podiumsdiskussion durch, in der Daniel Abdin von Al-Nour, Hans Ulrich Anke, ein(e) Pfarrer(in) aus Hamburg-Horn sowie Lokalpolitiker und der Investor ihre Argumente pro und contra »Umwidmung der Kapernaum-Kirche in eine Moschee« vor einem interessiert fragenden Publikum kontrovers diskutieren.
3. Ein Kirchenraum solle laut Hans Ulrich Anke nicht fürs Predigen anderer Gottesbilder zur Verfügung gestellt werden. Macht es dann einen Unterschied, ob eine Kirche in eine Moschee oder ein Restaurant umgewidmet wird? Begründen Sie Ihre Auffassung.

M 3.4 Kirchensteuer - ein Vorschlag

Die Kirche soll auf eigenen Füßen weitergehen. Sie soll sich von ihrem Geldhahn unabhängig machen und sich wirtschaftlich auf eigene Füße stellen. Sie soll sich ihren Lebensunterhalt selbst verdienen. Sie soll sich vom staatlichen Kirchensteuersystem verabschieden.

Ich weiß: Ich kann so etwas leicht vorschlagen, ich bin ja nicht davon betroffen. Ich mache diesen Vorschlag dennoch nicht leichtfertig. Ich weiß, was ich da vorschlage, und ich bitte alle, die jetzt der Ohnmacht nahe sind, Folgendes zu sehen:

Es gibt eigentlich nur zwei Existenzformen von Kirche. Die erste beruht auf dem Beispiel von Jesus. Der hat gelehrt, gepredigt und das Evangelium vorgelebt, ist aber keiner geregelten Arbeit nachgegangen und war auf die Unterstützung seiner Freunde angewiesen. Er war also arm und hat gebettelt. Die zweite beruht auf Paulus. Der hat gelehrt, gepredigt und das Evangelium vorgelebt, zusätzlich aber auch noch als Zeltmacher gearbeitet und damit seinen Lebensunterhalt verdient. Er war nicht vermögend, aber er hat seinen Lebensunterhalt selbst bestritten und war auf niemandes Hilfe angewiesen.

Was wir heute haben, ist etwas Drittes, etwas, woran weder Jesus noch Paulus im Traum gedacht hätten: eine hierarchische Amtskirche, die das Christentum auf Lehre, Seelsorge, Caritas, Predigt und Inanspruchnahme kirchlicher Leistungen reduziert und dafür Glaubensbeamte anstellt, mithilfe des Staates Steuern eintreibt und damit die Glaubensbeamten bezahlt. [...] Was könnte die Kirche gewinnen, wenn sie ihre Einkommensquelle verlöre?

Erstens: Aufsehen. Ein weithin sichtbares Zeichen würde gesetzt, und das würde Aufsehen erregen. Die Leute würden sich fragen: Was ist plötzlich mit der Kirche los? Warum tut sie das?

Zweitens: Ansehen. Wenn, wie es sich seit etlichen Jahren abzeichnet, breite Volksschichten wegen der Turbulenzen der Globalisierung – im Osten Deutschlands zusätzlich verschärft durch die Einheit – wirtschaftlich absteigen, wenn es plötzlich vielen schlechter geht und wenigen besser, dann erweckt eine Institution Aggressionen, die selbst wirtschaftlich gesichert ist, aber meint, jenen predigen zu müssen, deren Existenz gefährdet ist. Eine wirtschaftlich gesicherte Kirche kann unter den ungesicherten Schichten der Bevölkerung nicht sehr glaubwürdig agieren. Die eigene wirtschaftliche Sicherung durch die Kirchensteuer schwächt die Kraft der kirchlichen Argumente.

Drittens: Wahrheit. Die regelmäßig fließenden Steuergelder verführen zu der Selbsttäuschung, dass die Kirche in Deutschland noch im Volk verwurzelt und eine Volkskirche sei. Man kann sich dann beispielsweise, weil man ja trotz spärlicher fließender Mittel immer noch ein bisschen Geld hat, alle zwei Jahre einen Kirchentag leisten, einen Event, zu dem die Massen strömen. Man kann sich einbilden, diese Massenbewegungen signalisierten ein massenhaftes Interesse des Volkes an der Kirche, und man kann sich über die Tatsache hinweglügen, dass das Volk dankbar jedes Spektakel goutiert, das ein bisschen Abwechslung in den grauen Alltag bringt. Über all das kann man sich hinwegtäuschen, solange man genug Geld hat für eine schicke Party, und über vieles andere auch. Wie es tatsächlich um einen steht, würde man erst merken, wenn das Geld plötzlich nicht mehr da wäre. [...]

Viertens: Glaubwürdigkeit. Es ist leicht, sich als Anwalt der Schwachen aufzuspielen, ohne ihnen selbst wirklich helfen zu können und sich stattdessen auf Appelle an die Hilfsbereitschaft anderer beschränken zu müssen. Es ist bequem, Gelder zu verteilen, die man nicht selbst verdient, sondern bei anderen eingesammelt hat. Und es ist nicht sehr überzeugend, die Wirtschaft zu kritisieren, sie Moral lehren zu wollen oder ihr gute Ratschläge zu erteilen, wenn man selber keine Ahnung davon hat, wie hart der wirtschaftliche Existenzkampf wirklich ist.

Fünftens: Unabhängigkeit. Wenn es vielen plötzlich schlechter geht, dann ist die Kirche natürlich aufgerufen, darauf hinzuweisen und öffentlich zu fordern, dass etwas dagegen unternommen wird. Wenn sie dabei aber nicht konkret wird, wenn sie im Unverbindlichen bleibt und nicht sagt, was denn genau zu geschehen hätte, dann ist das, was sie sagt, praktisch wertlos, dann könnte sie genauso gut schweigen. Wenn sie aber konkret wird, dann begibt sie sich in die Gefahr, bestimmte Interessengruppen zu verprellen, die auf die Idee kommen könnten, ihre Spenden- und Kirchensteuerüberweisungen einzustellen. Um diese Gefahr zu minimieren, aber auch weil die Kirche Volkskirche ist und sein will, weil sie eine Kirche für alle sein will, ist sie sehr vorsichtig mit ihren öffentlichen Äußerungen. Deshalb wird sie auch dann nicht deutlich, wenn sie eigentlich auf den Tisch hauen müsste. Man ist nicht sehr überzeugt von einer Institution, die ihre Einnahmen allen gesellschaftlichen Gruppen gleichermaßen verdankt, den Arbeitnehmern und den Arbeitgebern, den Alten und den Jungen, den Armen und den Reichen, den Mietern und den Vermietern, den Soldaten und den Wehrdienstverweigerern, den Abtreibungsgegnern und den Abtreibungstoleranten, den Medienunternehmen und den Medienkritikern, dem Agro- und Massentierhaltungs-Business und den Natur- und Tierschützern, den Atomkraftwerksbetreibern und den Atomkraftgegnern, den Wählern der Regierung und den Wählern der Opposition. Wer bei all diesen Gruppen abkassiert, der muss natürlich fast zwangsläufig nach dem Motto handeln: Allen wohl und niemandem wehe.

Und so verfährt die Kirche ja auch. [...] Die heutige Kirche, besonders die protestantische, tritt niemandem zu nahe. Sie hat vielleicht ein paar Kritiker, und es gibt ein paar Nörgler, aber Feinde hat sie nicht. Das ist in normalen Zeiten nicht so schlimm, wenngleich diese Ausgewogenheitstendenz kirchliche Verlautbarungen von einschläfernder Langeweile hervorbringt. Aber die Geschichte lehrt uns, dass es immer mal wieder unnormale Zeiten gibt, in denen es darauf ankäme, Flagge zu zeigen, klare Missstände in klarer Sprache hart zu verurteilen und sich auch einmal einseitig zugunsten einer Interessengruppe gegen alle anderen auszusprechen. In solchen Zeiten versagt die mit dem Staat zusammenarbeitende, steuerfinanzierte Kirche auf jämmerliche und zugleich skandalöse Weise [...] Zur Zeit haben wir so eine geschichtliche Situation, in der die Kirche auf den Tisch hauen müsste, es aber nur sehr verhalten tut. Sie könnte mit viel mehr Wucht auf den Tisch hauen, wenn sie dank wirtschaftlicher Unabhängigkeit auf niemanden Rücksicht zu nehmen brauchte.

Die Argumente für einen Ausstieg aus der Kirchensteuer sind also stark. Jetzt fehlt nur noch die Antwort auf die Frage: Wie soll die Kirche das denn machen, ihren eigenen Lebensunterhalt selbst verdienen?

Weiß ich nicht. Aber ich habe einen Vorschlag. Und er steht in der Bibel.

Christian Nürnberger: Kirche, wo bist du? München 2000, S. 236–241

Arbeitsvorschläge

1. Welche negativen Konsequenzen hätte der Vorschlag Nürnbergers aus der Sicht der Kirchen?
2. Wie könnte die Kirche ihren eigenen Lebensunterhalt ohne Steuern selbst verdienen? Haben Sie dazu Vorschläge? Gibt es – auch im Ausland – Alternativen?

Junge Kirche Nürnberg LUX, © Johannes Heuckeroth, pfnphoto.com

3. Die Junge Kirche Nürnberg LUX hat einen Vorschlag realisiert: Sie vermietet die Kirche an Gruppen und Einzelpersonen. Schauen Sie sich die gesamte Site (www.lux-jungekirche.de) an und schreiben Sie einen Blog zur Frage, ob und inwiefern das Konzept dieser Kirche für Jugendliche attraktiv ist.
4. Welche Hausregeln würden Sie bei einer solchen Kirchenöffnung für säkulare Gruppen aufstellen?

M4.1 Jesus - Herausforderung für die Kirche

Von allen Seiten wird heute die Kirche kritisiert. Kritik an der Kirche scheint zum festen Vorurteil des modernen Menschen und einer Gesellschaft im raschen sozialen Wandel zu gehören. Für viele hat sich das Interesse am Christentum auf eine negative Kritik an der Kirche reduziert. [...]

Die *Kritik an der Kirche von außen* kann in einem Punkt zusammengefasst werden: Die Kirche ist mit ihrem Geld, ihren öffentlichen Institutionen, ihren religiösen Symbolen und ihrer Moral mit einem alten Gesellschaftssystem verkoppelt, das heute an vielen Stellen Unfrieden, Ungerechtigkeit und Bedrückung in der Menschheit verbreitet. Sie ist zum Erfüllungsgehilfen der Herrschaft einer bestimmten Klasse, Rasse und Kultur gemacht worden. Darum wird die Gesellschaftskritik der Opfer dieser Gesellschaft immer auch zur Kritik an der Religion dieser Gesellschaft werden, die von den Kirchen in dieser Gesellschaft vertreten wird. Umgekehrt muss darum jede Kirchenkritik unausweichlich zur Kritik an der babylonischen Gefangenschaft der Kirche[1] in der herrschenden Gesellschaftsschicht werden.

Wer kann die Kirche mit ihrer Organisation, ihrer Verkündigung und ihrer Moral aus den Fesseln dieser Gefangenschaft befreien? [...]

Der *Nerv der Kirche ist Jesus selbst,* denn jede Kirche beruft sich auf ihn und nennt sich nach seinem Namen. Man muss die Kirche, die Christen und die Theologie beim Wort nehmen. Jesus selbst ist die *Kritik der Kirche von innen.* Er ist die Kritik ihrer Unwahrheit, denn er ist der Ursprung ihrer Wahrheit. Der kritische Vergleich der Kirche mit der gegenwärtigen Gesellschaft ist wichtig, aber er ist noch harmlos gegenüber dem kritischen Vergleich der Kirche mit dem Mann aus Nazareth, auf den sie sich beruft. Ob die Kirche in einer geteilten, bedrückenden und entfremdeten Gesellschaft selbst entfremdet, geteilt und zum Komplizen der Unterdrückung anderer Menschen wird, entscheidet sich zuerst und zuletzt daran, ob ihr Jesus ein Fremder ist, oder ob er der ihre Existenz und ihre Gestalt bestimmende Herr ist. [...] Auf wen beruft sich die Kirche eigentlich? Für wen arbeitet sie? Für die Götzen der Gesellschaft, der Klasse, der Rasse oder der Nation – oder für den gekreuzigten Christus? [...]

Jesus, und zwar der Gekreuzigte, ist die *wahre* Herausforderung der christlichen Kirche, die sich nach seinem Namen zu nennen wagt, denn er ist die Herausforderung ihrer *Wahrheit.* Ob die Kirche heute mit den Herausforderungen der Gesellschaft fertig wird, entscheidet sich zuletzt daran, wie sie auf die Herausforderung antwortet, die von Jesus ausgeht. [...]

Wir wissen vom historischen Jesus nicht viel, aber doch mehr, als skeptische Historiker und Theologen meinen. [...] Jesus verkündete das kommende Reich Gottes. Aber er verkündete es nicht als Gericht nach dem Gesetz, sondern als zuvorkommende schöpferische Gnade Gottes den Armen, den Rechtlosen und Ungerechten.

[...] Das ist das Zweite: Jesus verkündete eine neue Gerechtigkeit: Nicht mehr die Gottesgerechtigkeit nach dem Gesetz, das jedem das Seine gibt, sondern das schöpferische Recht der Gnade, das Ungerechte gerecht macht und Hoffnungslosen eine neue Zukunft des Lebens gibt. [...] Er brachte eine neue Liebe in die Welt: es ist die Liebe zu den Feinden (Mt 5,43 ff), weil die Sonne Gottes über Böse und Gute aufgeht, und zwar nach Mt 5,45 über die Bösen zuerst.

[...] Und ein drittes: In der Bußbewegung Johannes des Täufers heißt Buße Umkehr; Umkehr von der Gesetzlosigkeit zum heiligen Gesetz, nach dem Gott richten wird. Bei Jesus heißt Buße auch Umkehr, aber Umkehr von der Traurigkeit zur Freude, von der Angst vor der Zukunft Gottes zur Hoffnung auf sie. Sein Leben war nicht das Leben eines großen Büßers, der am Elend der Welt und der Bosheit der Menschen leidet. Es war ein durch und durch festliches Leben. Die Gottesherrschaft war für ihn und seine Jünger gleich einer Hochzeitsfreude.

[...] Fassen wir seine Botschaft zusammen: Das Reich Gottes kommt zu den Armen, das Recht der Gnade kommt zu den Bösen, und die Freude Gottes kommt zu den Traurigen. Vergleichen wir diese 3 Hauptpunkte der Botschaft Jesu mit der Botschaft der Kirche und ihrem Leben heute, so entsteht Kritik am unchristlichen Wesen der Kirche und Befreiung der Kirche zu ihrer Christlichkeit.

1. Wie kann die Kirche *das Evangelium vom Reich Gottes den Armen* bringen, wenn sie selbst reich ist und am Reichtum der Reichen auf Kosten der Armen teilnimmt? Wie kann die Kirche Christi ihre eigene Macht durchsetzen und sich zur Herrin und Lehrmeisterin der Völker in Politik und Moral

aufschwingen? Wie können die Kirchen meinen, Jesus nachzufolgen, wenn heute ausgerechnet die Armen, die Arbeiter, die Arbeitslosen, die Gefangenen sich von der Kirche abwenden? Jesu »Evangelium vom Reich Gottes für die Armen« ist einseitig und parteilich. Das Evangelium vom Reich Gottes an die Reichen sieht, wie die Geschichte vom reichen Jüngling und vom armen Lazarus zeigen, anders aus. […] Wenn Christen und Kirchen Jesus heute folgen, dann können sie nicht länger reich werden, indem sie viele arm machen. Heute werden viele Menschen nicht auf privatem Wege arm gemacht, sondern durch ungerechte Wirtschaftssysteme. Die Kirche ist mit ihrem Besitz und ihren Geldanlagen in Aktien in diese Wirtschaftssysteme verflochten, die viele arm machen. »Misereor«, »Caritas« und »Brot für die Welt« sind zwar notwendig, um Verhungernde am Leben zu erhalten. Aber die Armen brauchen nicht Almosen vom Überfluss der Reichen, sondern menschliche Anerkennung durch soziale Gerechtigkeit. Dafür müssen die Wirtschaftssysteme der Ausbeutung, die entwürdigen, überwunden werden. Will die Kirche eine glaubwürdige Kirche Christi werden, dann kann sie sich nicht länger zum Komplizen ungerechter Wirtschafts- und Eigentumsverhältnisse machen und machen lassen. […]

2. Wie kann die Kirche das *Recht der Gnade* zu den Rechtlosen bringen, wenn sie Menschen nach moralischen Gesetzen beurteilt und verurteilt? […] Eine Kirche, die von der Gnade Jesu lebt, bricht mit der Moral und den Gesetzen der etablierten Gesellschaft und begibt sich mit Jesus »in schlechte Gesellschaft« (Adolf Holl). Sie wird lieber den Vorwurf ertragen, selbst »unmoralisch« zu sein, als die »Unglücklichen« zu verdammen und auszuschließen. Sie wird lieber zum »Verräter« der heiligsten Güter der anständigen Gesellschaft als zum Verräter der befreienden Gnade Jesu und der Unglücklichen, die sie brauchen. […]

3. Wie kann eine Kirche die *Freude Gottes* bei den Traurigen feiern, wenn die Christen so ängstlich und ohne Freude leben? Eine freudlose Kirche ist ein trauriger Verein. Eine Kirche, die keine Feste mehr feiern kann, hat das Evangelium verloren. […] Auch heute kann der Gottesdienst als das »messianische Fest der Freiheit Jesu« nicht gefeiert werden, ohne dass zugleich Sklaven befreit, Schuld erlassen und soziale Gerechtigkeit in die Welt gebracht werden. […] Dieses Fest wird gefeiert, wo immer ein Stück Befreiung geschieht: in der Lösung einer Seele von Bedrückung durch Schuld, in einem Slum von Nairobi, wo Kinder zur Schule gebracht werden, in einer notwendigen Revolution ungerechter Verhältnisse. Das ganze Leben Jesu war ein festliches Leben. […] Das »Fest mit Jesus« geschieht im Alltag der Welt, wo immer ein Stück Freiheit sich ereignet. […]

Zum Schluss: Jesus ist mit seiner Botschaft, seinem Kreuz und seiner Auferstehung die härteste Kritik der vorhandenen Kirche. Indem sich die Kirche dennoch ständig auf ihn beruft, sitzt sie gleichsam auf einem Pulverfass. Es ist unsere Hoffnung, dass dieses Pulverfass bald explodiert, um im Gleichnis zu bleiben. Ohne Gleichnis und persönlich gesprochen: Ich hoffe auf die Kirche, weil ich an Jesus glaube. Ich leide an der Kirche, weil ich Jesus liebe. Und weil ich um Jesu willen auf das Reich, die Gnade und die Freude Gottes hoffe, darum warte ich mit den Armen, Schuldigen und Traurigen auf die Wiedergeburt der wahren Kirche bei ihnen.

[1] Schrift Luthers »Von der babylonischen Gefangenschaft der Kirche« aus dem Jahr 1520, in der Luther den Bruch mit der Sakramentslehre der römisch-katholischen Kirche vollzog.

Jürgen Moltmann: Jesus und die Kirche, in: Walter Kasper/ Jürgen Moltmann: Jesus Ja – Kirche Nein?, Zürich, Einsiedeln, Köln 1973, S. 37–63 (Text S. 37–40; 42–46; 48–50; 63)

Arbeitsvorschläge nach M 4.4

M 4.2 Die kirchliche Tragödie – Vom Verrat an der eigenen Botschaft

Es ist eine sonderbare Geschichte. In den Schicksalsjahren zwischen 313 und 380 nach Christus wurde einerseits die Grundlage dafür gelegt, dass sich das Christentum in der Welt durchsetzen, Europa erfinden und sich bis heute erhalten konnte. Andererseits folgten diesen Jahren mehr als anderthalb Jahrtausende, in denen das Christentum Christus immer wieder verraten hat. Diese Ambivalenz kennzeichnet Europa und die westliche Welt bis in die Gegenwart.

Zwischen 313 und 380 bildete sich jenes Bündnis von Thron und Altar, das selbst heute noch nicht überall ganz zerbrochen ist. Meistens profitierte die geistliche Macht mehr von diesem Bündnis als die weltliche. Kaiser und Könige kamen und gingen, der Papst blieb. Kaiserreiche blühten auf und verschwanden, die Kirche blieb. Sie überstand Luther und die Reformation, die Französische Revolution, die Aufklärung, Napoleon und die Säkularisierung. Sie überlebte Hitler und Stalin, und sie wird wohl auch China, Russland und die USA überleben.

[...] Als Roms Kaiser Konstantin [den Christen] im Jahr 313 die volle Gleichberechtigung im Staat gewährte, herrschten nichts als Jubel und Dankbarkeit. Ab sofort waren sie frei von allen Einschränkungen und Repressalien. Der Gleichstellung folgte wenig später die Bevorzugung. Konstantin verbot seinen heidnischen Beamten, was früher den Christen verboten war: das öffentliche Bekenntnis ihres Glaubens durch Opfergaben. Außerdem besetzte er immer mehr Beamtenstellen mit Christen, denn sie erwiesen sich als gehorsam, dankbar, zuverlässig und tüchtig, und im Jahr 321 führte der Kaiser die Sonntagsfeier per Gesetz ein.

Die Christen fühlten sich nicht als Sieger, sondern als Untertanen Gottes, der ihre Bitten und Gebete um ein Ende der Verfolgung erhört hatte. Dass der mächtigste Mann der Welt nun mit ihnen paktierte, war für sie kein Anlass zu Misstrauen, sondern eine Fügung Gottes. Sie, die über keinerlei politische Erfahrung verfügten, waren noch viel zu naiv, um einen Gedanken an den Verdacht zu verschwenden, der Kaiser könnte sie möglicherweise für seine weltlichen Zwecke benutzen. Im Gegenteil: Der Kaiser war, als Frucht ihrer Gebete, von Gott geschickt. Was er tat, musste gottgewollt sein. Im Übrigen hatten schon Paulus und später Augustinus gelehrt, auch die weltliche Herrschaft unterliege Gottes Führung und habe darum, innerhalb ihrer Grenzen, Anspruch auf Gehorsam.

Der Bevorzugung der Christen folgte die Alleinherrschaft. Im Jahr 380 wurde von Theodosius dem Großen die Religionsfreiheit abgeschafft und das Christentum zur Staatsreligion erhoben. Kaiser und Kirche wurden Komplizen. Heidentum und Häresie galten nun als Staatsverbrechen, und noch vor dem Ende des vierten Jahrhunderts wurden schon die ersten Ketzer hingerichtet. Innerhalb kürzester Zeit war aus der verfolgten Kirche eine verfolgende Kirche geworden.

Sie ist da zu Beginn unschuldig hineingeschlittert. Aber irgendwann hätte sie erkennen müssen, dass ihr Tun immer weniger mit dem übereinstimmt, was Jesus gewollt hat – doch wann hätte die Kirche das erkennen müssen? Im fünften Jahrhundert? Im sechsten, siebten, achten? Das ist schwer zu sagen. Man darf nicht vergessen, dass gerade ein Weltreich unterging in jenen Jahrhunderten. Die Vandalen, Goten, Franken und all die anderen Germanenstämme marodierten durchs Römische Reich, mordeten, zerstörten, raubten, brandschatzten. Chaos und Anarchie machten sich breit, und Kaiser und Kirche brauchten einander, um eine neue Ordnung auf den Trümmern des untergehenden Reiches zu errichten.

Und: Die Christen meinten es gut mit den Menschen. Die Taufe, von Johannes einst praktiziert als äußeres Zeichen für die innere Umkehr, war zwischenzeitlich zu einem geheimnisvollen Vorgang mit magischer Wirkung uminterpretiert und von ihrem Ursprung entfremdet worden. Jetzt war die Taufe ein Mittel zur Rettung der Seelen. Ungetaufte drohten der ewigen Verdammnis anheimzufallen. War es da nicht eine segensreiche Gnadentat, die unwissenden, unmündigen Schäflein durch die Taufe in ihr Glück zu zwingen? [...] Plötzlich bestand die Kirche in ihrer Mehrzahl aus Menschen, die innerlich noch gar nicht für das Christentum gewonnen waren. Dadurch wuchs sie zwar schnell zu einer mächtigen, über das ganze Römische Reich verbreiteten Organisation, aber von nun an gingen ihre innere Stärke und Überzeugungskraft genau in dem Maß verloren, in dem ihre äußere Machtentfaltung zunahm. [...]

Die Botschaft des Jesus wurde von den vielen, die dem Namen nach Christen waren, kaum begriffen, von den Mächtigen und Privilegierten oft bewusst falsch verstanden, eingespannt für die eigenen Zwecke und missbraucht für Ziele, die niemals die Ziele von Jesus oder Paulus gewesen waren. Das Bündnis von Thron und Altar war die kirchliche Ursünde, die nun weitere Sünden fort und fort zeugte, die Geschichte der Kirche zu einer Geschichte der Irrungen und Wirrungen machte und die frohe Botschaft von Jesus in ihr Gegenteil verkehrte.

Der Zwangsbekehrung der Heiden folgten Verteufelungen der Kritiker als Abweichler, Irrlehrer und Häretiker. Bald schon brannten die Scheiterhaufen, glühten die Folterinstrumente und versahen zahlreiche Henker und Scharfrichter ihr Handwerk im Auftrag der Kirche. In ihrem Eifer, alles Heidnische auszurotten, machte die Kirche auch nicht halt vor den großen kulturellen Leistungen der Griechen und Römer. Heidnische Tempel und Kultstätten wurden zerstört, und mit ihnen die darin enthaltenen Kunstwerke. Bücher mit heidnischer Philosophie, Dichtung, Literatur gingen in Flammen auf oder wurden weggesperrt. [...] Bußpredigten, die Verheißung göttlicher Strafgerichte, das geradezu lustvolle Wühlen der Kleriker in den Sünden der Menschen und die ausführliche Schilderung der Höllenqualen für die Sünder schufen ein Klima der Angst, der Freudlosigkeit und der gnadenlosen Härte.

Es folgten Inquisition, Hexenverbrennungen, Kriege und Kreuzzüge im Namen Gottes, Ausbeutung der Schwachen, Unterdrückung und Manipulation von Wahrheit, Missionierung der Heiden durch Feuer und Schwert, Ausrottung der Indianer im Namen Christi, Imperialismus, Kolonialismus und Versklavung der Schwarzen unter kirchlicher Duldung, Segnung der Kanonen, kirchlich genährter Antisemitismus und das Versagen großer Teile der Amtskirche im Dritten Reich.

Die Geschichte des Christentums ist eine große Geschichte des Scheiterns, des Verrats und des Herumtrampelns auf der eigenen Botschaft. Es ist eine Geschichte der ewigen Vermischung menschlicher Interessen mit denen Gottes, und es ist eine Geschichte der Instrumentalisierung des Glaubens für Macht, Herrschaft und Besitz. [...]

Aber zugleich ist die Geschichte des Christentums auch eine große Geschichte des Widerstands gegen diesen Verrat und eine Geschichte des Versuchs, sich in der Nachfolge Jesu mit den Armen, Schwachen und Verfolgten zu solidarisieren. Sie ist eine Geschichte der Kultivierung der Natur und des Menschen. Sie ist eine Geschichte des Fortschritts und der Freiheit, denn immer gab es parallel zur Verstrickung der Kirche in weltliche Händel und Machtgerangel Einzelne und kleine Gruppen, die den in den Schlamm getretenen Jesus aus dem Dreck bargen, ihn wuschen, seine Wunden verbanden und seiner Botschaft neues Gehör verschafften. Immer rief der kirchliche Verstoß gegen die ureigenste Aufgabe Gegenkräfte auf den Plan, die eine Korrektur des Ganzen bewirkten.

Schon im sechsten Jahrhundert gründet Benedikt von Nursia auf dem Monte Cassino ein Kloster und einen Orden, um der Kirche und der Welt zu zeigen, wie die christliche Botschaft eigentlich gedacht war. Von nun an folgen über viele Jahrhunderte hinweg immer weitere neue Ordens- und Klostergründungen, oft im Konflikt mit den Kirchenoberen und den weltlichen Mächten.

Orden und Klöster, einzelne Heilige, Kirchenlehrer und starke christliche Persönlichkeiten erinnern seitdem immer wieder an das, worum es eigentlich geht in der Nachfolge Jesu Christi. [...] Klöster strahlten heilsam in ihre Umgebung aus. Mönche und Nonnen lehrten das Volk durch ihr eigenes Beispiel beten und arbeiten. Sie kultivierten das Land, die Natur und die Menschen. Sie brachten den Menschen Fleiß, Disziplin, Sauberkeit und Ordnung bei, aber auch das Lesen und Schreiben und, in Maßen, das selbständige Denken. Körperliche Arbeit, bisher in der ganzen Welt verpönt als eine Sache der Knechte und Sklaven und darum von diesen als Fron empfunden, bekam jetzt eine Würde dadurch, dass auch die Mönche körperlich arbeiteten, und über die gewürdigte Arbeit bekamen die Arbeitenden ihre Würde und einen Anspruch auf Respekt und Achtung. Die heutige wirtschaftliche Prosperität des Westens hat hier eine ihrer Wurzeln.

Darüber hinaus wirkten die Klöster und Kirchen wie eine europaweit institutionalisierte Volkshochschule. Über die kultischen Handlungen der Priester in der Heiligen Messe kamen die einfachen Menschen mit Kunst in Berührung, mit Musik, Gesang, Sprache, und wenn diese auch lateinisch und für sie unverständlich war, so erzählten ihnen die kirchlichen Kunstwerke, die Bilder, Skulpturen und Symbole, was diese fremde, nach Zaubersprüchen klingende Sprache bedeutete. Jedes einigermaßen begabte Kind, das sich dafür empfänglich zeigte, strebte von sich aus danach, mehr darüber zu erfahren und bekam von den kirchlichen Institutionen auch oft genug die Chance dazu, selbst wenn es aus einfachen Verhältnissen stammte. Das ganze europäische Begabungsreservoir wurde auf diese Weise eine Zeit lang ziemlich effizient ausgeschöpft. Die Kirche war die erste in Europa wirkende Kraft der Elitebildung.

Mönche und Nonnen betrieben nicht nur theologische, sondern auch weltliche Studien, sie legten die Fundamente für eine europäische Bildung und Wissenschaft, und als die Kirche ihrer Macht sicher war, durfte auch heidnische Literatur gelesen und in den klösterlichen Schreibstuben kopiert werden. Das Erbe der antiken Kultur Griechenlands und Roms wurde in Klöstern und kirchlichen Bibliotheken gehütet, aufbewahrt und vervielfältigt. [...]

Irgendwann verfiel auch die Kraft der Klöster, verluderten selbst dort die Sitten, verlotterte die Kirche als ganze. [...]. Ein kleiner Mönch aus Wittenberg, der Doktor Martin Luther, fasste 1517 den jämmerlichen Zustand der Kirche in Worte und brachte das morsche Gebäude damit zum Einsturz. Er spaltete die Kirche, aber die Spaltung erwies sich als heilsam. Plötzlich hatte die allein seligmachende Kirche Konkurrenz bekommen. Um dagegen zu bestehen, musste auch sie sich reinigen und reformieren. Geteilt konnten beide Konfessionen bis heute überleben. Ohne Reformation wäre die verrottete Institution an sich selbst zugrunde gegangen.

Das Bündnis von Thron und Altar aber hat auch Luther nicht außer Kraft gesetzt. Im Gegenteil. Seine evangelische Kirche konnte sich überhaupt nur halten, weil sie von zahlreichen Fürsten und Königen unterstützt wurde, und diese Unterstützung erhielt sie nicht in jedem Fall aus Liebe zum christlichen Glauben oder aus Einsicht in die Gedanken der Reformation, sondern aus Hass auf die Römische Kirche, von deren übermächtigem Einfluss sich die Fürsten durch Luthers Reformation befreien konnten – wieder ein Geburtsfehler, der dazu führte, dass das Verhältnis zwischen Kirche und Staat auf evangelischer Seite noch inniger wurde als auf katholischer. [...]

Europa hat vermutlich mehr Unglück als Glück über die anderen Völker gebracht. Es war gewalttätig, ausbeuterisch, unterdrückerisch, ruhelos und herrisch. Aber trotz permanenten Verrats hat es die christliche Botschaft durch die Jahrtausende getragen. Die christliche Botschaft ist eine Botschaft der Liebe, des Friedens, der Freiheit, der Gleichheit, der Gerechtigkeit und der Wahrheit. Immer wieder haben sich Opponenten im Namen dieser Botschaft gegen das Bündnis von Thron und Altar gewandt, haben sich verfolgen, foltern, einsperren und verbrennen lassen, um den Worten Jesu gegen Kaiser und Kirche Geltung zu verschaffen, und ihre Opfer waren nicht umsonst. Die Aufklärung ging aus dieser Botschaft hervor, die Befreiung des menschlichen Geistes, der die Befreiung des ganzen Menschen folgte. Die Ideen der Freiheit, Gleichheit und Solidarität sind nun in der Welt und nicht mehr auszurotten [...].

So bleibt als paradoxes Ergebnis festzuhalten, dass die Kirche in der Geschichte immer wieder ihre eigene Botschaft verriet, aber dass wir dank der Kirche überhaupt Kenntnis haben von dieser Botschaft. So konnte sie ihre heilsamen Wirkungen entfalten, wenn auch oft gegen kirchlichen Widerstand. Vielleicht kommt ja irgendwann der Tag, an dem die ganze Christenheit Ernst macht mit Jesu Vermächtnis. Oder er kommt nicht, die Kirchen verfallen, das Christentum stirbt aus, aber Jesu Botschaft bleibt, und ganz andere machen Ernst mit ihr.

Christian Nürnberger, »Das Christentum. Was man wirklich wissen muss«, Copyright © 2007 Rowohlt Berlin Verlag GmbH, Berlin, S. 210–221

Arbeitsvorschläge nach M 4.4

M 4.3 Warum ist die Kirche unverzichtbar?

Die Kirchen repräsentieren lebensnotwendige Fragen, Dimensionen und z. T. auch wirklich Antworten. Es gibt Brot in den Kirchen, nicht nur Steine oder Verstummen; zwar manchmal recht altes, hartes und mühsames Brot, aber immerhin Brot. Es gibt hier ein Wissen von Grundfundamenten des Lebens, das anderwärts in dieser Klarheit – und schon gar öffentlich – m. E. nicht zu haben ist:

Da ist das *Wissen von Gebot und Grenze* [...]. Es geht ein unwiderlegbarer Satz durch die Welt, der sagt »Du sollst...« [...]; er lehrt uns, dass – ob wir wollen oder nicht – ein Gebot und eine Grenze unseres Willens und unserer Freiheit existiert, die wir nur um den Preis unserer seelischen Integrität verletzen können. Was ist der Inhalt des »Du sollst...«? Dies jeweils herauszufinden, ist Aufgabe des mündigen Menschen mit Phantasie und Liebe. Keine Autorität kann es ihm sagen. Traditionen und Erfahrungen können allenfalls raten, anregen und Richtung weisen, z. B. in Richtung auf den Imperativ, »alle Verhältnisse umzuwerfen, in denen der Mensch ein erniedrigtes, ein geknechtetes,... ein verächtliches Wesen« (Marx), ein »erniedrigtes und beleidigtes« Wesen (Dostojewski) ist. Ist dies nicht eine angemessene Auslegung und Konkretion des Liebesgebotes, eine gültige Gestalt des Unbedingten?

Und da ist das *Wissen von Gnade,* d. h. vom Geschenkcharakter und der letztlichen Nicht-Machbarkeit des Lebens – gegen den Wahn vom machbaren und völlig selbstbestimmbaren Leben: damit wir nicht vergessen, dass wir letztlich von Sein und nicht vom Haben[1], vom Empfangen und nicht allein aus Tun und Machen leben [...]. Was bedeutet dieses Wissen und was ist seine Konsequenz? Wisse es selber, finde es selber in deiner Biographie! Dies zu begreifen, ist Aufgabe des mündigen und autonomen Menschen. Denn hier gilt es zu begreifen, dass [...] die wohlverstandene Freiheit der Sinn des Lebens und des göttlichen Willens ist: als solche ist sie aber ein Geschenk, nicht machbar – wie Sinn, Erfüllung, Liebe. Unverzichtbare anthropologische Grundlagenkenntnis gibt es mithin hier im Traditionsbereich der Kirche, ohne die jede Autonomie hypertroph[2] und krebsartig wird. [...]

Und es gibt in den Kirchen – öffentlich repräsentiert – ein *Wissen vom Geheimnis des Geheimnisses und vom Heiligen,* das allenthalben, auch in uns selber, auf uns wartet und lauert: damit wir nicht länger dem »Gotteskomplex«[3] verfallen und uns faktisch so verhalten, als hätten wir göttliche Eigenschaften des Wissens und Vermögens, der Allmacht und Omnipotenz.

[...| Auch gibt es in den Kirchen etwas, das vielleicht in unserer Gesellschaft fast einzigartig [...] ist: In unserer Öffentlichkeit wird ständig Schuld für dieses und jenes, Schuld für politisches oder menschliches Versagen zugewiesen, aber immer wird Schuld nur bei den anderen gesucht; individuelle Schuld ist – in der öffentlichen Meinung – eine eher abgelegte, als anti-emanzipatorisch denunzierte und verleugnete Kategorie. Dabei wird sie individuell vielfach empfunden [...], sie findet aber kaum Orte, an denen sie ernst genommen wird. Die Kirchen nehmen vielleicht als einzige [...] echte Schuld als Möglichkeit ernst und stufen sie nicht nur als Projektion (die sie sein kann!) ein oder psychologisieren sie (d. h. als bloßes »Schuldgefühl« zur Wegtherapierung freigegeben). Sie bieten den einzigen (individuellen und öffentlichen) *Raum,* in dem Sprache, Klage und Ritus für *Annahme von und Umgang mit Schuld* vorhanden sind. Sie sind ein Ort, an dem – jenseits von modischen Verdrängungen oder Aktualisierunggen – das Wissen vom menschlich wie politisch fundamentalen Bösen aufbewahrt ist. [...]

Und es gibt in den Kirchen z. B. die *Gestalt Jesu von Nazareth* kennen zu lernen, eine Weltgestalt in der Geschichte der Menschheit und der Religionen, keineswegs nur des Christentums, sondern der allgemeinen Religionsgeschichte. An ihm wurde eine bis heute unüberholte und gültige, wenngleich oft verdunkelte Weise der Gotteserfahrung – unablösbar von der Liebe zum Nächsten – sichtbar: indem er mit den Armen und Ausgestoßenen das Mahl des Reiches Gottes feierte. Diese ist – nicht nur in der Bergpredigt und im »Vater unser« – eine Erschließung der göttlichen, d. h. der wahren religiösen Wirklichkeit, wie sie [...] herausfordernd und bisher uneingelöst ihresgleichen sucht. [...]

Sagt man dann: Jesus ja, aber nicht die Kirchen, so antworte ich: dass das Wissen über und das Mindestmaß an Kenntnis der Evangelien und der Gestalt Jesu von Nazareth (aber z. B. auch der 10 Gebote) außerhalb der Kirchen kaum noch existiert und tradiert wird. Man muss also die Kirchen nicht unbedingt mögen, aber sie in aller Distanziertheit bejahen und mittragen, weil sie [...] etwas tradieren, transportieren und repräsentieren, was unabgegolten und notwendig für unsere Gesellschaft [...] bewahrt werden muss, wenn das Humane und Seelische nicht in belanglose private und marginale Bewusstseinsreste und unsere Menschlichkeit in [...] kontinuitätslose Barbarei absinken soll [...].

Dies sind einige Inhalte, die die Kirchen anbieten. Es gibt aber noch etwas Zweites: [...] Die von Kirche/Religion/Christentum repräsentierte Lebensdimension hat Bedeutung für Kultur und Gesellschaft, für Bereitung und Fruchtbarkeit des Wurzelbodens, aus dem dann auch Einstellung, Gewissen, Gemeinsinn, Demokratiefähigkeit und -Willigkeit wachsen können. Keineswegs nur die Kirchen haben solche Wichtigkeit. Auch andere Träger und ungezählte (auch sich unreligiös verstehende) Individuen bieten Derartiges: Juden, Muslime, Buddhisten. Religionsgesellschaften (nicht nur christliche, aber in unserer Kultur doch vorrangig christliche) sind Wachstumsorte, Sprech-, Schweige- und Singorte für das, was nicht machbar ist. Auch sie können diese nicht-machbaren Wurzeln und Einstellungen nicht »machen«, aber sie sind soziale und konzentrierte Räume, in denen das Nicht-Machbare wachsen und ernährt werden kann. Sie haben in ihren Räumen eine Kultur, Bilder, Texte, Riten, Symbole, Musiken und Lieder, um Gewissheit und wurzelhafte Identität, Bewusstsein und Sprache über das Nicht-Machbare und in rationaler Sprache Nicht-Sagbare entstehen zu lassen, damit diese Themen nicht in Ratlosigkeit und Sprachlosigkeit verschwiegen werden und verkommen müssen.

[...] Wenn also Einstellungen und Motive von Gemeinsinn, wenn das Bewusstsein des Unbedingten und dessen, was »über alle Vernunft« ist, irgendwo wachsen und nicht dem Zufall oder der Illusion, dies Entscheidende entstehe schon irgendwie von selber, überlassen bleiben sollen, dann muss es öffentliche Orte geben, die hierfür mehr als Verlegenheit, Sprachlosigkeit und akademische Ratlosigkeit [...] bereithalten. Die Kirchen sind solche Orte; sie haben Räume und Medien für dieses ganzheitliche Wachstum; sie kennen Musiken, Lieder und Texte, die seelisch – nicht nur intellektuell – gültig und nährend sind. Sie bewahren das Liebesgebot, die Bergpredigt und die Geschichte vom barmherzigen Samariter. Wir leiden ja nicht an einem Mangel an Werten oder Wertvorstellungen, im Gegenteil: an einem Überfluss. Aber sie sind nicht verankert, nicht in Menschen hineingewachsen, sie sind beliebig geblieben, Menschen haben sich nicht mit ihnen identifiziert. [...]

Selbst wenn viele Menschen an der Kirche (oder am Christentum) nicht mehr teilnehmen, bleibt sie doch ein weithin wichtiger – und nicht nur individueller – Wachstumsort für Motive und Einstellungen. Die Kirchen repräsentieren die (mag sein nur begrenzt beantwortbare) Wahrheitsfrage, das Liebesgebot, die Seligpreisungen oder Geschichten wie die vom verlorenen Sohn beunruhigend wie gewissheitsbildend und erhalten sie in der Gesellschaft lebendig – mit Sicherheit auch für das Bewusstsein der Ausgetretenen und Konfessionslosen [...].

[1] 1976 veröffentlichte der Psychoanalytiker Erich Fromm sein Buch »Haben oder Sein«, in dem er die Situation des durch das ›Habenwollen‹ entfremdeten Menschen in der modernen Konsumgesellschaft analysierte.

[2] Hier: übersteigert, überzogen, übermäßig.

[3] Hinweis auf das Buch des Psychoanalytikers Horst E. Richter »Der Gotteskomplex« (1979), in dem dieser die These vertrat, die moderne Gesellschaft leide an einer Allmachtsphantasie, die den traditionellen Glauben an Gott abgelöst habe.

Matthias Kröger: Die Notwendigkeit der unakzeptablen Kirche, Eine Ermutigung zu distanzierter Christlichkeit, München 1997, S. 127–133

Arbeitsvorschläge nach M 4.4

M 4.4 Sind die Kirchen ein Zeichen der Hoffnung in der Welt?

Hoffnung, was heißt das eigentlich? […]

Im biblischen Zeugnis ist Hoffnung immer auf Gott verwiesen. Das Lob Gottes ist die Grundmelodie der Hoffnung im Alten Testament. Gottes Treue ist es, die Menschen Hoffnung schenkt. »Auf Gott hoffen« ist gerade in den Psalmen eine Bezeichnung für den frommen Menschen (31,25; 37,9). Das heißt, ich vertraue mein Leben, meine Zukunft, meine Möglichkeiten Gott an, wenn ich hoffe und nicht hoffnungslos bin. So sagt etwa Psalm 62: »Aber sei nur stille zu Gott, meine Seele; denn er ist meine Hoffnung.« Hoffnung ist somit eine Lebenshaltung gläubiger Menschen gegen die Resignation und Hoffnungslosigkeit der Welt. […]

Im Neuen Testament setzt sich diese Melodie fort. Es ist die Hoffnung auf das Kommen des Gottesreiches, die diese Zeit und Welt in ein neues Licht taucht. Diese Hoffnung [findet] im Buch der Offenbarung Kapitel 21 ihr wohl schönstes Bild in den Tränen, die abgewischt sein werden, und dem Ende von Leid, Not, Tod und Geschrei […]. Dieser Gottesglaube gibt Lebensmut gerade auch in schweren Zeiten. Er findet sich eben nicht ab mit den »Verhältnissen«, sondern kennt die Hoffnungskraft auf Veränderung. […]

Es geht also um ein Verhältnis, das Verhältnis zu Gott, das mein Leben bestimmt. […] Diese Hoffnung auf Gottes Zukunft ist eine Lebenshaltung. Sie muss nicht Menschen oder Projekte oder Ideologien verklären als Inhalt der Hoffnung. Sie ermöglicht gerade die Freiheit der Welt gegenüber, Visionen von Gerechtigkeit und Frieden wach zu halten, eine Freiheit, die auch bei Enttäuschungen und Verzweiflung, in Resignation die Welt gestalten, ja verbessern will. Das hat Christinnen und Christen immer wieder den verächtlich gemeinten Titel »Weltverbesserer« eingetragen. Ich denke, wir sollten diese Bezeichnung als Ehrentitel ansehen! Weltverschlechterer und Miesmacher gibt es schon genug! All diejenigen, die in den Untergangsgesang allzu gern einstimmen: Ich kann ja doch nichts tun! Dann doch lieber der christliche cantus firmus: Gerechtigkeit und Friede werden sich einst küssen, darauf hoffen wir. Gerade deshalb aber wollen und können wir schon Hier und Jetzt Spuren des Reiches Gottes legen. […]

Niemand von uns wird in diesen Tagen unbefangen oder gar vollmundig von der Kirche als Zeichen der Hoffnung in der Welt sprechen können, denke ich. Für manche etwa, die meinten, ich sei als Bischöfin ein auf irgendeine Weise »besserer« Mensch, war es eine harte Erkenntnis, mich bei einer Verfehlung ertappt und öffentlich zur Schau gestellt zu sehen. Und in der römisch-katholischen Kirche wurde deutlich, dass eine Lehre von der Kirche, die den Schutz der Institution über den Schutz der Opfer stellt, gerade kein Hoffnungszeichen für die Welt ist. Eine bittere Erfahrung für viele …

Wir können das aber auch als Lernprozess ansehen. Kirche ist, so sagen wir im Apostolischen Glaubensbekenntnis, die Gemeinschaft der Heiligen. Da fangen ja der Spott und die Häme der öffentlichen Meinungsmacher an: Seht, so heilig sind die alle nicht! Das ist aber ein sehr profanes Missverständnis von Heiligkeit. »Schein-heilig« ist es, wenn Menschen meinen, fehlerfrei, absolut untadelig, bar jeden Makels zu sein. So ist kein Mensch und das widerspricht auch dem biblischen Menschenbild. Es ist Teil der Menschlichkeit, zu scheitern, Fehler zu begehen. Die Heiligen sind nach biblischem Verständnis diejenigen, die ihr Leben ganz und gar Gott anvertrauen. Die eben gerade wissen, dass sie nicht unfehlbar sind. Sie leben in einer Gemeinschaft, der Kirche. Und diese Gemeinschaft ist deshalb auch fehlbar, voller Mängel. Wenn wir im apostolischen Glaubensbekenntnis bekennen, wir glauben die heilige Kirche, dann wissen wir, dass die konkrete, erfahrbare Kirche eine Kirche ist, in der es fehlbare Menschen gibt. […] Es gehört zur evangelischen Freiheit, das offen einzugestehen.

Aber wir dürfen trotz alledem oder gerade aufgrund unserer theologischen Grundüberzeugungen Hoffnungszeichen sein. Weil wir von der Existenz Gottes sprechen in einer Welt, die gottvergessen ist und den Menschen vergöttert. Weil Jesus Christus der Eckstein dieser Kirche ist, der um Versagen und Scheitern ebenso weiß wie um Liebe und Versöhnung. Wir sind Gemeinschaft der Heiligen, weil heilig ist, was zu Gott gehört. Deshalb vertraue ich darauf, dass unter all diesen Verfehlungen, allen Irrungen und Irrtümern, auch unter den Schrecklichen Irrwegen von

Kolonialismus, Hexenverfolgung, Judenhass doch immer wieder etwas sichtbar wird von der unsichtbaren Kirche, die wir glauben, die in alledem existiert, wann immer echte Nachfolge gelebt wird, gegen den Trend die Hand über den Graben gereicht wird, der glimmende Docht nicht ausgelöscht wird, die Armen der Welt eine Stimme finden.

Die Kirche ist eben keine Gegenwelt, sie existiert nicht außerhalb der Welt. Sie ist mitten in der Welt und daher auch Teil all dessen, was menschlich ist. Gerade deshalb kann sie Hoffnung entfalten. Erst wenn versucht wird, aus der Kirche eine Art übermenschliches Reich des absolut Guten und Unfehlbaren zu machen, kommt es zu Verstecken, Vertuschen, Heuchelei. Eine Lehre von der Kirche, die davon ausgeht, dass »die Kirche« besser ist als »die Welt«, unterliegt einem fundamentalen Irrtum. Es geht darum, wie mit menschlichen Verfehlungen und mit Schuld umgegangen wird. Und da, so bin ich zutiefst überzeugt, kann die Kirche in der Tat zum Zeichen der Hoffnung für die Welt werden. Weil sie etwas weiß von Vergebung, Versöhnung, Lebenszusagen, Neuanfang. In unseren Kirchen muss sich niemand das Leben nehmen, weil er versagt hat. Denn Gott entzieht den sündigenden Menschen die Lebenszusage nicht. Wie sollte es da die Kirche tun?

Zudem geht es darum, ob die Kirche, ob unsere Kirchen den Mut haben, die Stimme auch da zu erheben in der Welt, wo es unbequem ist, nonkonformistisch, anstößig. [...] Trotz all ihrer Mängel und all ihrer Menschlichkeit kann die Kirche, konfessionsübergreifend gedacht, Hoffnungszeichen sein, wenn sie andere Maßstäbe setzt. [...] Das könnte die Kirche sein, ein Ort der Hoffnung, eben weil sei den Mut hat, eine Kontrastgesellschaft zu leben! Ein Ort, an dem es keine Hierarchie gibt zwischen Männern und Frauen. Ein Ort, an dem Menschen, die gleichgeschlechtlich lieben, angstfrei leben können. Ein Ort, an dem Kinder nicht Objekt von Erziehung oder gar Missbrauch sind, sondern Subjekte, die geachtet und ernst genommen werden. Ein Ort, an dem auch diejenigen, die nicht mithalten können, gleiche Würde und gleichen Rang haben wie die Erfolgreichen, diejenigen, die die Kraft haben, zu gestalten und Entscheidungsverantwortung zu übernehmen. Ja, wir können Hoffnung in der Welt sein, wenn wir Grenzen überwinden und uns den Gesetzen der Welt nicht einfach so beugen, auch nicht den Gesetzen der Medienwelt. Da lob ich mir die Freiheit eines Christenmenschen ...

Ich bin überzeugt, dass von der Hoffnung besser gesungen und gedichtet als in Vorträgen geredet wird. [...] So möchte ich enden mit einem Hoffnungsgedicht von Dorothee Sölle, die Frömmigkeit und die politische Dimension der Hoffnung immer wieder auf wunderbare Weise verknüpft hat:

Zeitansage

Es kommt eine zeit
da wird man den sommer gottes kommen sehen
die Waffenhändler machen bankrott
die Autos füllen die schrotthalden
und wir pflanzen jede einen baum

Es kommt eine zeit
da haben alle genug zu tun
und bauen die gärten chemiefrei wieder auf
in den arbeitsämtern wirst du
ältere leute summen und pfeifen hören

Es kommt eine zeit
da werden wir viel zu lachen haben
und gott wenig zum weinen
die engel spielen klarinette
und die frösche quaken die halbe nacht

Und weil wir nicht wissen
wann sie beginnt
helfen wir jetzt schon
allen engeln und fröschen
beim lobe gottes

(Aus: Dorothee Sölle, loben ohne lügen, Berlin 2000)

Margot Käßmann: »Sind die Kirchen ein Zeichen der Hoffnung in der Welt?« – Hauptvortrag beim 2. Ökumenischen Kirchentag, München 2010

(http://www.ekd.de/vortraege/kaessmann/100515_kaessmann_oekt_muenchen_hauptvortrag.html)

Arbeitsvorschläge zu M 4.1

1. Der Theologe Jürgen Moltmann hat seinen Text 1973 geschrieben. Verschaffen Sie sich ein Bild von der gesellschaftlichen und politischen Situation Ende der 1960er und Anfang der 1970er Jahre (z. B. Seiten der Bundeszentrale für politische Bildung, http://www.bpb.de/geschichte/deutsche-geschichte/68er-bewegung/). Welches Bild der Gesellschaft zeichnet Moltmann? Skizzieren Sie Grundstrukturen dieser Gesellschaft in einem Schaubild oder einer Mindmap.
2. Suchen Sie Beispiele für die These, dass die Kirche mit »einem alten Gesellschaftssystem verkoppelt ist«.
3. Formulieren Sie in drei prägnanten Thesen, welche Bedeutung die Botschaft Jesu für die Kirche heute hat.
4. Diskutieren Sie in einer Pro- und Contra-Debatte, ob die Thesen Moltmanns auch in der heutigen Gesellschaft noch gültig sind.

Arbeitsvorschläge zu M 4.2

Recherchieren Sie ergänzend zum Text zu:

1. Im Mittelalter spitzte sich das Verhältnis von Thron und Altar in besonderer Weise konflikthaft zu. Inwiefern? Stellen Sie zentrale Punkte dieses Konflikts dar.
2. Warum hat auch Luther das Bündnis von Thron und Altar nicht außer Kraft gesetzt? Verfassen Sie eine kurze Begründung.
3. Das Bild, das der Verfasser von der Kirche in ihrer Geschichte entfaltet, ist ambivalent. Suchen Sie sich ein Beispiel aus dem ›Katalog des Verrats‹ und ein Beispiel aus der *Geschichte des* »Fortschritts und der Freiheit« heraus und belegen Sie dieses Beispiel mit konkreten geschichtlichen Daten. Alternativ: Gestalten Sie gemeinsam auf einer Wandzeitung mit Bildmaterial den Katalog des Verrats und den des Fortschritts und der Freiheit.

Arbeitsvorschläge zu M 4.3

1. Der Theologe Matthias Kröger vertritt einen anderen Ansatz als Moltmann. Worin sehen Sie den hauptsächlichen Unterschied?
2. Mit welchem der von Kröger beschriebenen ›Angebote‹ der Kirche können Sie am meisten anfangen, mit welchem am wenigsten? Begründen Sie Ihre Sicht.
3. Kröger behauptet, die Kirche repräsentiere die Wahrheitsfrage und halte sie in der Gesellschaft lebendig? Was meint er damit und wie beurteilen Sie die Frage, ob es eine gültige Wahrheit gibt?

Arbeitsvorschläge zu M 4.4

1. Welches Bild entfaltet Käßmann von der Kirche? Fassen Sie dies in drei zentralen Thesen zusammen.
2. Was meint Käßmann mit der These, Kirche müsse eine »Kontrastgesellschaft« sein? Worin konkretisiert sich eine solche Gesellschaft?
3. Gibt es Parallelen und Unterschiede zu dem Ansatz von Moltmann? Welche?
4. Käßmann zitiert als poetischen Ausdruck der Hoffnung ein Gedicht der Theologin Dorothee Sölle. Gestalten Sie selbst ein Hoffnungsgedicht, eine Hoffnungscollage, einen Hoffnungssong, einen Hoffnungsrap, ein Hoffnungsbild - die gestalterische Form ist Ihnen überlassen.

Arbeitsvorschläge zu M 4.5

1. Huber beruft sich in seinem Text auf Dietrich Bonhoeffer. Er unterscheidet drei Verhaltensweisen der Kirche. Benennen Sie dafür Beispiele aus der Gegenwart oder jüngeren Vergangenheit.
2. Wie begründet Huber das Engagement der Kirche für die Menschenrechte?
3. Welche Folgerungen für das Handeln der Kirche deutet Huber an? Wie könnten solche Folgerungen konkret aussehen? Schauen Sie im Internet unter den Stichworten *Sozialkirche, Kiel, Gaarden* nach.
4. Wie verhält sich Hubers Verständnis der »Kirche für andere« zu Bonhoeffers eigener These?

M 4.5 Wofür tritt die Kirche ein?

Kirche für andere

»Die Kirche ist nur Kirche, wenn sie für andere da ist. Um einen Anfang zu machen, muss sie alles Eigentum den Notleidenden schenken. Die Pfarrer müssen ausschließlich von den freiwilligen Gaben der Gemeinden leben, evtl. einen weltlichen Beruf ausüben. Sie muss an den weltlichen Aufgaben des menschlichen Gemeinschaftslebens teilnehmen, nicht herrschend, sondern helfend und dienend. Sie muss den Menschen aller Berufe sagen, was ein Leben mit Christus ist, was es heißt, »für andere dazusein«. Speziell wird unsere Kirche den Lastern der Hybris, der Anbetung der Kraft und des Neides und des Illusionismus als den Wurzeln alles Übels entgegentreten müssen.«

Dietrich Bonhoeffer: Widerstand und Ergebung. Briefe und Aufzeichnungen aus der Haft, hg. von Eberhard Bethge. Neuausgabe, München 1977, 415 f.

[Die Kirche] ist nicht in einem unverbindlichen Sinn Kirche für alle, sondern in bezeugender Entsprechung zum Handeln und Leiden Jesu *Kirche für andere.* [...] Das Dasein für andere gewinnt praktische Gestalt in der Verkündigung, in den Taten der helfenden Liebe und in politischem Handeln. [...] In welchen Formen vollzieht sich das öffentliche Handeln der Kirchen? Auch für diese Frage orientieren wir uns noch einmal an Dietrich Bonhoeffer. Schon in den ersten Wochen des nationalsozialistischen Regimes versuchte er, Kriterien für das öffentliche Handeln der Kirche zu entwickeln. Der Anlass für diese Überlegungen war der Boykott jüdischer Geschäfte und die Einführung des Arierparagraphen für das Berufsbeamtentum[1] im April 1933. Bonhoeffer unterscheidet drei Ebenen der kirchlichen Verantwortung gegenüber der Politik[2]:

- Die Kirche kann und soll den Staat immer wieder fragen, »ob sein Handeln von ihm als legitimes staatliches Handeln verantwortet werden könne«. Damit nimmt sie dem Staat nicht seine Verantwortung ab, sondern macht ihn gerade auf seine unvertretbare Verantwortung für »Recht und Ordnung« aufmerksam.
- Die Kirche ist verpflichtet, den Opfern staatlichen Handelns zu helfen, auch wenn sie nicht der christlichen Gemeinde angehören. Diakonisches Handeln ist also eine unverzichtbare Dimension der politischen Verantwortung der Kirche.
- Unmittelbares politisches Handeln der Kirche ist dann möglich und gefordert, »wenn die Kirche den Staat in seiner Recht und Ordnung schaffenden Funktion versagen sieht«. Dann bleibt nur, »nicht nur die Opfer unter dem Rad zu verbinden, sondern dem Rad selbst in die Speichen zu fallen«. Dies gilt gerade dann, wenn der Staat »hemmungslos ein Zuviel oder ein Zuwenig an Ordnung und Recht« verwirklicht.

Diese Unterscheidung Dietrich Bonhoeffers ist eine hilfreiche Orientierung für das öffentliche Handeln der Kirche. Sie entlastet allerdings nicht von der jeweils konkreten Entscheidung darüber, wann der Übergang zu »unmittelbarem politischen Handeln« als geboten erscheint. Und sie entlastet auch nicht von der Frage, worin denn zureichende Kriterien für »Ordnung und Recht« eines politischen Gemeinwesens zu sehen sind.

Deutlicher als zu der Zeit, als Bonhoeffer jene Sätze niederschrieb, hat sich in unserer Gegenwart gezeigt, dass diese Frage nach der Ordnung des Zusammenlebens und nach den Rechten, durch die es reguliert wird, nicht mehr zureichend in einem nationalstaatlichen Rahmen gestellt werden kann. Nationalstaatliche Grenzen können für die Kirchen und die Christen keine Grenzen der Verantwortung sein. Die grenzüberschreitende Botschaft, die sie zu vertreten haben, nötigt zu einem Verständnis ihrer eigenen Verantwortung, das an den Grenzen der Nationen und Rassen, der Kulturen und Religionen nicht haltmacht. Die öffentliche Verantwortung der Kirchen kann also nur noch im ökumenischen Horizont angemessen wahrgenommen werden. Auch für ihre öffentliche Verantwortung gilt: Die Kirche heute ist die Ökumene. In der ökumenischen Bewegung aber hat sich zunehmend die Einsicht durchgesetzt: Das Problem des Friedens bildet den entscheidenden Horizont für die öffentliche Verantwortung der Kirchen. Der Begriff der »Ordnung«, den Bonhoeffer gebrauchte, übersetzt sich heute also in den Begriff des weltweiten »Friedens«. Zu ihm vermögen die Kirchen am ehesten dann etwas beizutragen, wenn sie sich in ihrem eigenen Leben und Handeln von dem bestimmen lassen, was sie als Gemeinschaft der Glaubenden selbst konstituiert. Auf verschiedenen Wegen haben wir uns deutlich gemacht: Die Kirche gründet in dem versöhnenden und befreienden Handeln Gottes in Jesus Christus; sie ist dort gegenwärtig, wo dieses versöhnende und befreiende Handeln Gottes zu Wort kommt und Gestalt gewinnt. Die Verkündigung von Versöhnung und Freiheit ist das Grund-Geschehen der Kirche. [...]

Aus der die Kirche begründenden Wahrheit ergeben sich inhaltliche Kriterien für alles Handeln der Kirche, auch für ihre Beteiligung an politisch-gesellschaftlicher Verantwortung. Die Kirche verweist in ihrem Handeln auf das versöhnende und befreiende Handeln Gottes; und sie tritt in ihrem Handeln für diejenigen ein, die der Versöhnung und Befreiung bedürfen. Deshalb ist Stellvertretung eine Grundform kirchlicher Existenz. [...] Das öffentliche Handeln der Kirche ist diakonisches Handeln; es ist der Versuch, im Dasein für andere dem Dasein Jesu für andere zu entsprechen. Die Kirche tritt stellvertretend für die ein, die der Versöhnung und Befreiung bedürfen; sie macht sich zum Anwalt derer, deren Leben verletzt und beschädigt ist, denen elementare Lebensmöglichkeiten fehlen und die für sich selbst zu sprechen nicht in der Lage sind. Gerade unter dem Gesichtspunkt solcher Stellvertretung sind die Menschenrechte als Orientierungsrahmen für das politisch-gesellschaftliche Handeln der Kirchen zu betrachten. Der Begriff des »Rechts«, den Bonhoeffer gebrauchte, übersetzt sich also heute in den Begriff der »Menschenrechte«. [...]

In besonderem Maß haben die Kirchen durch diakonisches Handeln wie durch politische Intervention für diejenigen einzutreten, denen elementare Lebensmöglichkeiten vorenthalten werden und die sich nicht selbst Recht verschaffen können. Gerade deshalb müsste sich ihr Blick dafür schärfen, dass die Möglichkeit, von Menschenrechten wirksamen Gebrauch zu machen, an das Vorhandensein bestimmter politischer und sozialer Voraussetzungen gebunden ist. Um der Menschenrechte willen müssen die Kirchen deshalb für die Gewährleistung elementarer Lebensmöglichkeiten für alle Menschen eintreten. Der wachsende soziale Gegensatz zwischen der nördlichen und der südlichen Halbkugel der Erde wie die Gefährdung der Lebenschancen künftiger Generationen durch die Ausbeutung und Zerstörung der Umwelt werden deshalb heute zu vorrangigen Themen kirchlicher Mitverantwortung in politischen Fragen.

[1] Im »Gesetz zur Wiederherstellung des Berufsbeamtentums« lautete der § 3: »Beamte, die nicht arischer Abstammung sind, sind in den Ruhestand zu versetzen.« Dieses Gesetz wurde auch in den Kirchen auf Kirchenbeamte, also z. B. Pfarrer weitgehend angewandt.

[2] Dietrich Bonhoeffer: Die Kirche vor der Judenfrage 1933

Wolfgang Huber: Kirche, München 2. Aufl. 1988, S. 173. 175–179

Arbeitsvorschläge nach M 4.4

Arbeitsvorschlag für die gesamte Lerngruppe zu M 4.1–M 4.5:

Führen Sie in Ihrer Lerngruppe eine Fishbowldiskussion zum Thema durch: Wofür steht die Kirche? Teilen Sie sich in fünf Gruppen auf. Je eine Gruppe bereitet sich für die Diskussion auf die Position eines der Autoren vor. Eine sechste Gruppe formuliert eine eigene Position; es kann auch eine kritische sein! Die Lerngruppe bildet einen Außenkreis. Im Kreis diskutiert je ein Vertreter jeder Gruppe mit den anderen. Für einen siebten Diskutanten aus dem Publikum bleibt im Innenkreis ein Platz frei. Wer möchte, kann sich auf diesen Stuhl setzen und einen Beitrag zur Diskussion liefern, muss dann aber wieder seinen Platz räumen, wenn ein anderer Teilnehmer des Außenkreises mitdiskutieren möchte.

M 5.1 Tischreden zur Zukunft der Kirche

Seit 2011 treffen sich Frauen bei »Frauenmahlen« zu einem festlichen Essen. Ziel des Abends ist der Austausch zur Zukunft von Religion und Kirche. Zwischen den Gängen des Menüs inspirieren kurze, engagierte Tischreden das Gespräch. Das Format der Tischrede lehnt sich an Luthers Tischreden in seinem Haus in Wittenberg an. Hintergrund der Initiative ist die Erfahrung: »Frauen haben klare Zukunftsvisionen, sind aber in Entscheidungsfunktionen in der Unterzahl. Die Initiative stärkt eine breit angelegte, demokratische Auseinandersetzung aus Frauensicht.« Die prominenten Rednerinnen kommen aus den christlichen Kirchen und allen gesellschaftlichen Bereichen. Die Teilnehmerinnen äußern sich u. a. auf Karten zu den Tischreden. Hier einige Beispiele:

In Bewegung bleiben …
nur so kann der Kirchenverdrossenheit etwas entgegengesetzt werden. Die »Politik des Gehörtwerdens« gilt für Staat und Kirche. Runter von der Kanzel! Dafür wünsche und hoffe ich auf gutes Gelingen.

Wenn wir uns nicht für eine gerechtere Welt einsetzen und als Kirche in diesem Zusammenhang erkennbar sind, wird Kirche keine Rolle in der Gesellschaft mehr spielen. Kirche hat dann Zukunft, wenn sie authentisch ist in Reden und Handeln und wenn Jesus das Fundament ist. Sie darf sich nicht jedem Zeitgeist anpassen.

Gottes Geistkraft wird weiterhin wehen, wo sie will. Lasst uns daran arbeiten, dass sie frischen Wind in die evangelische Kirche bringen kann.

Die Zukunft der Kirche ist: weiblich …, vernetzt mit anderen, die »guten Willens« sind, politisch und friedfertig!

Mit mütterlichem, schwesterlich klugem, mutigem und unkonventionellem Blick, kritisch und liebevoll, wird der weibliche Impuls des »Marburger Frauenmahls« den Horizont von Religion und Kirche weiten und neue Räume beleuchten! Gut so!

Frauen:
- *»hauen auf die Pauke« wie Miriam (Ex 15,20)*
- *preisen Gott mit politischer Leidenschaft wie Maria (Lk 1,46 ff.)*
- *begegnen Jesus und den Schwestern und Brüdern mit Zärtlichkeit wie die salbende Frau. (LK 7,36 ff.)*

So bleibt Kirche lebendig und engagiert!

Ich hoffe auf eine Kirche, die immer wieder und noch mehr »Kirche für andere« ist – nah bei den Menschen und der verändernden Kraft des Evangeliums; politisch und parteiisch für die an den Rand Gedrängten; Allianzen suchend mit allen, die sich für Frieden, Gerechtigkeit und Nachhaltigkeit einsetzen; offen für Vielfalt; Räume der Schönheit und der Veränderung eröffnend; mutig und selbstlos.

Meine Vision von Kirche ist ein Ort, der versucht, Menschen, egal in welcher Situation sie sich gerade befinden, eine Heimat zu geben.

Nicht erst in Zukunft, sondern jetzt! brauchen wir Kirchen und Religionen, die sich am Leben orientieren, nicht am Dogma, die Frauen und Männern Raum geben, um für sich zu entdecken, was gutes Leben ausmacht, die sich im Alltag und in ihren Feiern für ein Leben in Fülle für alle engagieren.

Der Abschied von der Volkskirche kann eine große Chance sein, den Glauben neu zu entdecken und authentisch zu leben. Lieber klein und lebendig als groß und halbtot! Auf geht's!

Wir brauchen einen radikalen Mentalitätswechsel in der Kirche: Weg vom Jammern, weg vom Weitersparen, weg vom Schielen auf Eliten, hin zu einer Kirche die Gott lobt, die alles, was sie hat, in neue Projekte steckt, die Ernst macht mit der Option für Arme und in der Menschen arbeiten mit offener Tür und weitem Herzen.

Eine Kirche der Zukunft muss den Menschen nahe sein und dementsprechend die unterschiedlichsten Lebens- und Liebesformen akzeptieren und respektieren.

Eine Kirche der Zukunft muss eine politische Stimme bleiben und ihre Chance nutzen, der Politik aus ihrer Perspektive neue Impulse, Anregungen und Kritik zu geben. Kirche muss politisch sein, sie darf sich nicht auf kircheninterne Themen beschränken und sich dadurch nach außen abschotten. Eine Kirche der Zukunft hat dann eine Chance, wenn sie (Mit-)Menschlichkeit nicht nur predigt, sondern sie auch selber lebt und sich für sie einsetzt.

Ich wünsche mir eine Kirche, in der auch »einfache« Menschen ein herzliches Zuhause finden und die Veranstaltungen in den Gemeinden nicht nur Angebote für das »Bildungsbürgertum« sind. Kirche sollte sich der Menschen mitten im Lebensalltag annehmen und vor allem der Frauen, denn sie tragen meistens die größere Last.

Texte aus:
http://www.frauenmahl.de/medien/Voten_TN_Marburg.pdf

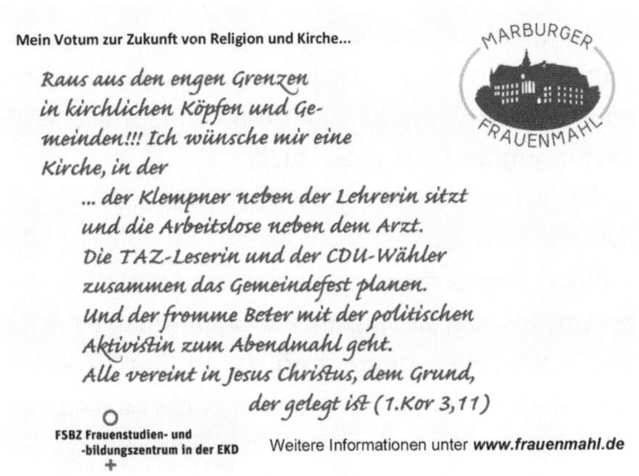

© Thomas Plaßmann

Arbeitsvorschläge:

1. Welche der Stellungnahmen leuchtet Ihnen besonders ein, welche nicht? Warum?
2. Stellen Sie sich vor, sie nähmen an einem solchen Frauenmahl teil und hätten die Aufgabe, zu der unten stehenden Karikatur eine Tischrede von fünf Minuten zu halten. Was würden Sie sagen?

M 5.2 Versorgungskirche oder Beteiligungskirche?

Das Wort »Versorgung« meint etwas grundlegend Positives. Selbstverständlich ist es gut, dass Menschen sich um andere sorgen und Schwache und Bedürftige ordentlich versorgt werden. Und dies tut die Versorgungskirche beispielhaft. Zwar gibt es immer Dinge, die man besser machen könnte. Aber im Großen und Ganzen lässt sich konstatieren: Die Volkskirche macht gerade angesichts ihrer oft begrenzten Ressourcen versorgungstechnisch einen hervorragenden Job.

So versorgt sie Menschen mit Nächstenliebe. Erinnert sei an Kindergärten, Altenheime, Tafeln, Kleiderkammern, Flüchtlingshilfe, Besuchsdienste, Kranken- Notfall- und Gefängnisseelsorge und vieles mehr. Die Volkskirche versorgt Menschen mit Religion, durch Schulanfänger- und Weihnachtsgottesdienste, Religions- und Konfirmandenunterricht, Bachkantaten und Kunstausstellungen, Rundfunkandachten, Zeitungsartikel und Fernsehgottesdienste. So wird eine solide religiöse Grundversorgung gewährleistet. Die Volkskirche versorgt Menschen mit pastoralen Leistungen. An den Schaltstellen des Lebens – Geburt, Erwachsenenreife, Eheschließung und Tod – ist die Kirche da und begleitet sie mit Seelsorge und Predigt. Die Volkskirche versorgt die Menschen mit Gewissen. Es gibt kaum eine ethische Frage, auf die die Kirche keine Antworten gibt. Diese sind zwar keineswegs unumstritten, aber sie geben vielen Orientierung oder nötigen sie zumindest, sich ein Bild zu machen und auf die angesprochenen Fragen eigene Antworten zu formulieren.

Die Versorgungskirche ist wie eine nährende und pflegende Mutter. Solange das Kind unselbstständig ist, ist das wunderbar. Doch was ist, wenn es größer wird? Dann ist die Mutter immer noch Mutter. Aber ist Versorgung noch ein angemessenes Paradigma?

[...] Die Versorgungskirche zielt mehr auf Förderung der Schwachen als auf Herausforderung der Starken. Für die Schwachen und Zuwendungsbedürftigen ist das gut. Doch welche Angebote gibt es für Menschen in der Blüte ihres Lebens? Wer gerade keine Krise durchläuft und diakonische Angebote benötigt, fühlt sich von einer Kirche nicht wahr- und ernstgenommen, die sich in erster Linie als Versorgerin versteht. Schwache muss man fördern, darin ist die Kirche gut. Aber Starke muss man fordern. Und an diesem Punkt ist in unserer Kirche noch viel Luft nach oben.

Man kann die Menschen mit Liebe und mit Religion versorgen, aber nicht mit Christentum. Denn dieses ist seinem Wesen nach Herausforderung, biblisch gesprochen: Ruf zur Nachfolge. Christsein heißt neu denken, umkehren, neu machen. Und das ist nichts, womit man Menschen versorgen kann. Denn wo die Dinge spezifisch christlich werden, ist Herausforderung gefragt. Und die funktioniert nicht flächendeckend, sondern nur individuell.

Die Versorgungskirche ist Kirche für das Volk, und nicht so sehr Kirche des Volkes. [...] Statt des allgemeinen Priestertums der Laien begünstigt die Versorgungskirche das allgemeine Laientum der Priester. Das Aufgabenprofil einer normalen Pfarrperson ist enorm: Es reicht von Predigt, liturgischer Kompetenz, Seelsorge und Unterricht bis hin zu Verwaltungstätigkeiten, Management, Vernetzungsaufgaben, Öffentlichkeitsarbeit, Repräsentation und vielem mehr. [...] Die Versorgungserwartung in unserer Volkskirche [läßt] kaum zu, dass der Pfarrer, die Pfarrerin einige ihrer Aufgaben einfach an begabte »Laien« delegiert. Obwohl die entsprechenden Gaben in der Gemeinde vorhanden sind, muss er/sie nahezu alles selbst machen, vieles davon recht, anderes – notgedrungen – eher schlecht. Dafür läuft es in den Gemeinden oft erfreulich gut. Und doch bleiben sie oft weit unterhalb ihres Potenzials – solange sie an ihrer Versorgungsmentalität festhalten.

So ist es nicht gut. So war es auch anfangs nicht gedacht. Und so geht es auch nicht weiter. [...] Wenn ich im Folgenden die Beteiligungskirche etwas idealtypisch darstelle, dann deswegen, weil die Beteiligung möglichst vieler in der Volkskirche ein Ideal ist, dem wir uns annähern, das wir aber nie völlig umsetzen können. [...] Unter diesem Vorzeichen möchte ich die folgenden Thesen zur Beteiligungskirche verstanden wissen.

1. Die theologische Grundlage der Beteiligungskirche ist das von den Reformatoren ausgerufene allgemeine Priestertum der Gläubigen. Der Dienst eines Priesters, einer Priesterin ist es, zwischen Gott und den Menschen zu vermitteln: das heißt ihnen das

Wort Gottes nahebringen, für sie zu beten, sie zu begleiten und es ihnen leichter zu machen, an die Liebe Gottes zu glauben. Dies ist nach Luthers Auffassung eben nicht nur der Auftrag einiger speziell ausgebildeter Profis, sondern Aufgabe aller Gläubigen. [...]

2. In der Beteiligungskirche übernimmt eine Vielzahl von Menschen Verantwortung für das Reich Gottes. »Reich Gottes« ist der Einflussbereich der Liebe Gottes in dieser Welt. Und damit dieser wächst, bedarf es nicht nur eines passiven Glaubens, sondern aktiver Jüngerschaft. [...] Der moderne Mensch möchte nicht nur versorgt werden. So bequem dies im ersten Augenblick scheint, wirkliche Erfüllung finden wir erst dort, wo wir uns selbstverantwortlich beteiligen. Und gerade Menschen in der Mitte ihres Lebens werden sich nur in dem Maße mit ihrer Kirche identisch fühlen, wie sie Verantwortung übernehmen dürfen.
3. In der Beteiligungskirche arbeiten Menschen gemäß ihren Gaben und ihrer Persönlichkeit mit. [...] Wer von Gott eine Begabung bekommen hat, hat auch eine Auf-Gabe, bestimmte Fähigkeiten oder Ressourcen wie Zeit und Besitz: All das haben wir nicht nur für uns selbst. Es soll vielmehr anderen helfen. [...]
4. In der Beteiligungskirche verstehen sich die Mitarbeitenden als Teamplayer. Kein Mensch ist so begabt, dass er oder sie Gottes großen Auftrag, für andere da zu sein, auch nur annähernd allein erfüllen kann. Darum ist es an der Zeit, das Modell des Apostel Paulus vom Leib und den Gliedern endlich umzusetzen: Jeder und jede arbeitet an der je eigenen Aufgabe und versteht sich nicht als Solistin oder Solist, sondern als Teil eines größeren Organismus. [...]
5. Die Beteiligungskirche lebt von der Vision für das Ganze. Sie kommt ohne Druck und schlechtes Gewissen aus. Sie speist sich vielmehr daraus, dass Menschen eine Reich-Gottes-Perspektive für ihr Leben entwickeln, aus Dankbarkeit, Gott etwas zurückgeben zu wollen, und aus der Freude daran, Gottes Liebe auszubreiten. Dazu muss man freilich eine solche Vision entwickeln und kommunizieren. [...]

Der Schritt von der Versorgungs- zur Beteiligungskirche ist nicht nur ein quantitativer, sondern vor allem ein qualitativer. Es geht nicht nur darum, dass sich mehr Leute mehr engagieren, um die anstehende Arbeit zu tun. Vielmehr geht es um einen Systemwechsel. Es geht darum, sich nicht mehr damit zu begnügen, dass Menschen getauft, konfirmiert und irgendwann kirchlich beerdigt werden. Aktives Christsein bedeutet, sich einmischen, beteiligen und für andere da sein. Das heute vorherrschende Modell, nach dem eine Handvoll hervorragend ausgebildeter Menschen einer großen Menge passiver Gläubiger gegenübersteht, hat darum ausgedient. Es sollte denen vorbehalten bleiben, die sich wegen Krankheit, Alter, Unmündigkeit, oder sonstiger Einschränkungen nicht beteiligen können. Dabei geht es nicht um eine Kirche der Starken, sondern um eine, in der Starke für Schwache da sind. Die Gemeinden dürfen sich nicht damit begnügen, Menschen zu betreuen. Vielmehr müssen sie ihre Mitglieder behutsam, aber bestimmt dahin führen, nach ihren Gaben und Möglichkeiten für andere da zu sein. Eine Kirche, die nicht in der Lage ist, ihre Mitglieder zu aktivieren, ist eine sterbende Kirche. Die Kirche von morgen wird also eine Beteiligungskirche sein – oder sie wird nicht mehr sein.

Klaus Douglass: Laien beteiligen oder sterben. Die Reform der Volkskirche muss mit einem Systemwechsel verbunden werden, in: Zeitzeichen 10/2011, S. 25–27

Arbeitsvorschläge

1. Der Verfasser stellt Versorgungskirche und Beteiligungskirche gegeneinander. Stellen Sie in einer Tabelle Charakteristika beider Formen gegenüber.
2. Der Verfasser entwickelt ein bestimmtes Bild vom Christsein. Was zeichnet dieses Bild aus?
3. Entwickeln Sie einen Flyer einer Kirchengemeinde mit dem Ziel, mehr Mitglieder zu aktivieren, sich am kirchlichen Leben zu beteiligen

M 5.3 Was wird aus dem Christentum?

Wird die Kirche sterben? Nein! Die Kirche stirbt nicht. Wohl wird die uns bekannte und herkömmliche Gestalt der Kirche sterben. Wir haben hier keine bleibende Gestalt, auch keine bleibende Kirchengestalt. [...] Man kann nur Vermutungen darüber anstellen, wie die Kirche von morgen aussehen wird, aber mit einiger Sicherheit kann man folgende Prognose wagen:

1. Die Kirche von morgen wird weniger staatsverbunden sein. Was aus den Feiertagen und Sonntagen wird, wissen wir nicht. Ob der Name Gottes in der europäischen Verfassung genannt wird, wissen wir nicht. Ob der Staat so selbstverständlich die theologischen Fakultäten fördert und den Religionsunterricht in den Schulen, ist ungewiss. Das ist Chance einer neuen Freiheit der Kirche. Sie muss nicht mehr zwei Herren dienen, sie hat nur mehr einen.
2. Die Kirche von morgen wird kleiner und ärmer sein. Sie wird die reichen Mittel für ihre Kirchbauten, Akademien und sozialen Einrichtungen nicht mehr haben. Das ist die Chance einer neuen Konzentration der Kirche. Sie wird neu lernen können und müssen, wer sie ist und was sie soll.
3. Die Kirche von morgen wird ökumenisch sein. Sie wird sich den Schwachsinn der konfessionellen Doppelstrukturen nicht mehr erlauben. Es wird nicht mehr ein katholisches neben einem evangelischen Gemeindehaus stehen und das katholische Altenheim neben dem lutherischen. Die neue Ökumenizität befreit von den falschen und kindischen Fragen, in die die Konfessionen heute noch verstrickt sind. [...]
4. Die Kirche von morgen wird weniger klerikal dirigiert sein. Sie wird angewiesen sein und beschenkt werden von den Charismen[1] der Laien und der Ehrenamtlichen.
5. Die Kirche von morgen wird stärker von Frauen bestimmt sein. Vermutlich wird dadurch ihre Theologie riskanter und vielfältiger. Theologische Korrektheit und Irrtumsvermeidung werden eine geringere Rolle spielen.
6. Die Kirche von morgen wird weniger eurozentrisch bestimmt sein. Es werden andere Formen der Frömmigkeit und der Gottesdienste in sie eindringen, das ist Gefahr und Chance zugleich.
7. Die Mitglieder der Kirche von morgen kommen aus einer so traditionsfernen Gesellschaft, dass sie sich in Freiheit und mit wenig Ressentiment den Überlieferungen des Christentums wieder zuwenden können. [...]

Man kann die Zukunft der Kirche kritischer lesen, und es fällt sicher leichter, die zukünftigen Schwierigkeiten zu beschreiben. Wenn man aber die Hoffnung behalten und handeln will, muss man sich der Mühe unterziehen, die Möglichkeiten unter all den Unmöglichkeiten herauszulesen und sich nicht in der Beschreibung des Unglücks zu erschöpfen. Was also werden und sollen die spirituellen Züge und die Aufgaben der Kirche von morgen sein?

Wen man liebt, dem sagt man eine bessere Zukunft voraus, als er vielleicht haben wird. Und weil ich die Kirche liebe, nicht nur das Christentum, darum sage ich: Die Kirche wird nicht sterben, sie wird sich verwandeln.

[1] Charisma = unterschiedliche Begabungen in einer christlichen Gemeinde.

Fulbert Steffensky: Was wird aus dem Christentum? In: Junge Kirche 1/2007, S. 4–5

Arbeitsvorschläge

1. Steffensky listet eine Reihe von zukünftigen Veränderungen der Kirche auf. Im Text ist ein Kasten freigehalten. Wie sollte die Kirche auf die von Steffensky skizzierten Entwicklungen reagieren? Entwickeln Sie ein Tableau konkreter Aufgaben, die die Kirche in Angriff nehmen sollte.
2. Wie könnte eine solche Kirche für Jugendliche und junge Erwachsene attraktiv werden? Formulieren Sie Vorschläge.

M 5.4 Kirchliche Szenarien für Megatrends

Megatrends sind langfristige Veränderungen, die über Jahrzehnte Einfluss nehmen können. Ein Megatrend beeinflusst unser gesellschaftliches Weltbild, unsere Werte und unser Denken. Er kann fundamental und grundlegend das Angebot und die Nachfrage einer Ware oder Dienstleistung beeinflussen. Meistens beeinflusst er die politische und wirtschaftliche Stellung ganzer Branchen, Organisationen und Länder. Megatrends beeinflussen aber auch unser Gottes- und Weltbild, Verständnis von Religion und Kirche. Deshalb ist es wichtig, dass die Kirche sich aktiv mit Megatrends auseinandersetzt, beispielsweise mit: der fortschreitenden Säkularisierung in Gesellschaft, Politik und Schule; der Individualisierung unserer Lebensmuster und unseres Gottesverständnisses und dem damit zusammenhängenden Pluralismus unserer Werte; der rapide wachsenden Bedeutung von Medien und Internet für Information und Kommunikation und somit auch für Beziehungsformen und Mittel der Verkündigung; der Veränderung der Rollenbilder von Mann und Frau und der wachsenden Bedeutung von Frauen in Politik und Wirtschaft; der kontinuierlich ansteigenden Langlebigkeit und der damit zusammenhängenden demografischen Schere zwischen Senioren und Junioren; der Globalisierung und den zunehmenden Kontakten mit außereuropäischen Religionen.

[…] »Swissfuture«, die Schweizerische Vereinigung für Zukunftsforschung, führte 2010/2011 eine Studie durch, wie sich unsere Werte bis ins Jahr 2030 wandeln und wie dieser Wertewandel die verschiedenen Lebensbereiche (in der Schweiz) beeinflussen könnte. Aufgrund dieser Analysen wurden vier Szenarien entwickelt, die nachfolgend zusammengefasst werden. Diese Skizzen sollen die Kirchen herauszufordern, sich dieser Thematik zu stellen: Wie könnten die Kirchen Mitteleuropas 2030 aussehen?

1. Das Szenario »Ego« ist geprägt von Individualisierung, Mobilität, Globalisierung und Ökonomisierung. Aufgrund des allgemein wachsenden wirtschaftlichen Wohlstandes wird der Staat fortschreitend dereguliert und abgebaut: unternehmerische und individuelle Freiheiten prägen das Leben. Eine äußerst günstige Entwicklung der Weltwirtschaft ermöglicht einen Arbeitsmarkt, der genügend Chancen für alle bietet, so dass soziale Verwerfungen nicht zu Tage treten. Damit einher geht eine fortschreitende Globalisierung des Arbeitsmarktes. In diesem Szenario liegt viel Verantwortung bei den Individuen, die in einer ausdifferenzierten Gesellschaft nur noch lose Beziehungen zu traditionellen Gemeinschaften pflegen. Soziale Sicherungsnetze werden abgebaut, da dem Risiko des sozialen Abstiegs die Chance des Aufstiegs gegenüber steht.

Die zentralen Werte dieses Szenarios gruppieren sich um Performance, Karriere und Erfolg. Materialismus, Ökonomisierung, Rationalismus und Effizienzsteigerung prägen das Verständnis von Wirtschaft, aber auch die Beziehungen der Menschen. Viele lose Beziehungen in der Qualität von weak ties (schwache Bindungen) werden bei der Suche nach Karrieremöglichkeiten als wertvoller empfunden als die Verantwortlichkeiten und Pflichten der strong ties (starke Bindungen) einer familienorientierten Gesellschaft. Freiheit und Unabhängigkeit sind oberste Werte.

In einer Gesellschaft, die Selbstverantwortung und Partikularisierung fördert, werden auch die Sinnsuche und das Verständnis von Religion privatisiert. Kirche und Staat werden radikal getrennt, die Landeskirchen verschwinden und der Staat treibt keine Kirchensteuern mehr ein. Wie in den USA wird der christliche Glaube ausschließlich durch Freikirchen getragen, die sich in einem Umfeld voller Mitbewerber bewegen. Einerseits haben die Kirchenaustritte aus den Landeskirchen massiv zugenommen, andererseits haben Kirchen deutlich an Profil gewonnen: Sie werden für ganz bestimmte Werte stehen und das gibt ihnen in dieser hochindividualisierten Gesellschaft ein Potenzial für Identifikation. Kirchen werden nicht mehr durch die hohe Zahl an passiven Mitgliedern geprägt, sondern durch aktive Gläubige. Dabei werden Sinnsuche und das Verständnis von Transzendenz und Religion als Privatsache verstanden. In ihren politisierten Spielformen sind sie marginalisiert. Im Zuge globaler Mobilität und hoher Individualisierung werden aus unterschiedlichen Versatzstücken synkretistische[1] Religionen gebastelt. Besonders Vertreter der älteren Generation, die materiell viel erreicht haben, suchen im Alter spirituelle Formen der Selbstverwirklichung, der Einsicht folgend, dass sich nicht alles kaufen lässt.

2. [Das Clash-Szenario[2]] Angesichts des Wohlstandsverlustes stehen sich Einheimische und Ausländer, Junge und Alte, Reiche und Arme immer ag-

gressiver gegenüber. Parallelgesellschaften entstehen, und gesellschaftliche Konflikte brechen auf. Der Mittelstand wird aufgerieben. Für eine wachsende Schicht waren die Verheißungen der Konsumgesellschaft unerreichbar – ja sie fühlen sich geradezu verhöhnt von den üppigen Schaufensterauslagen und omnipräsenten Werbebotschaften.

In diesem Szenario werden Werte primär negativ besetzt sein: Neid, Aggressivität, Ellbogenmentalität prägen das Zusammenleben. Sündenböcke werden gesucht und ausgegrenzt. Viele Menschen empfinden Ohnmacht und Angst, resignieren und ergeben sich dem Schicksal. Andere kritisieren und protestieren. Der Kampf um knappe Ressourcen führt zu allgemeiner Auflehnung, die Stimmung ist geprägt von Misstrauen und Illoyalität.

Zwischen den Parallelgesellschaften spielen religiöse Konfliktdeutung und Rhetorik eine große Rolle. [...] Ob es um die Gewaltbereitschaft junger Migranten, Integrationsprobleme oder geopolitische Bedrohung geht: Religiöse Erklärungsversuche werden bemüht, und insbesondere wird der Gegensatz des Islam zur abendländisch-christlichen Kultur betont.

In diesem Szenario gibt es noch Landeskirchen, aber da ihre Mitgliederzahlen linear abgenommen haben, haben sie kein politisches Gewicht mehr und können die Werte der Gesellschaft nicht mehr prägen. Ein Großteil der Bevölkerung wird konfessionslos. Und die religiösen Enthusiasten wechseln zu den Freikirchen. Dort erfahren sie Sinngebung, Zugehörigkeit und Wärme als Kontrastfolie zur gesellschaftlichen Wirklichkeit. Dabei begegnet ihnen die mediale und politische Öffentlichkeit mit großem Misstrauen. Getrieben durch die Parallelgesellschaft, politisieren und radikalisieren viele dieser Gruppen ihre religiösen Weltbilder. Und andere Kirchen beschreiten den Weg in die religiöse Weltflucht, sie interpretieren das Clash-Szenario als Zeichen der nahen Apokalypse. Islamische Gemeinschaften sind aufgrund der hohen Geburtenrate gewachsen und bilden eine starke Parallelgesellschaft, in der sie eigene Schulen betreiben und sich an der Scharia orientieren.

3. Im Balance-Szenario symbolisiert die Waage die Wertelandschaft. Firmen und Individuen haben gelernt, sich nicht zu Sklaven der Unterbrechung und Ruhelosigkeit zu machen. Staatliche Sozialversicherungswerke sind grundlegend reformiert worden. Lebensarbeitszeitmodelle ersetzen das fixe Rentenalter. Und die Aus- und Weiterbildung verteilt sich über eine ganze Arbeitsbiografie. Familie und Beruf sind so gestaltet, dass Frauen, die mittlerweile besser gebildet sind als die Männer, länger am Erwerbsprozess teilnehmen können. Balance-Werte korrespondieren auch am meisten mit einer nachhaltigen Entwicklung, die ökonomische, soziale und ökologische Aspekte ausgewogen berücksichtigt.

Balance und Deeskalation sind die zentralen Werte dieses Szenarios. Eine Work-Life-Balance ist möglich geworden. In ganzheitlicher Ruhe können neben wirtschaftlichem Wohlstand auch Freundschaften und Familie, Lebenskunst und Spiritualität gepflegt werden. Die verschiedenen Kulturen begegnen einander vorurteilsfrei, tolerant und konsensorientiert. Aufbrechende Konflikte werden öffentlich mit hoher Reife reflektiert. Dabei wird viel Zeit investiert, um durch Partizipation der verschiedenen Interessengruppen partnerschaftliche Lösungen zu finden. In diesem gesellschaftlichen Klima blühen eine innovationsfreudige, verantwortungsvolle und nachhaltige Wirtschaft und Politik.

Die Kirchen engagieren sich aktiv im mikrosozialen Umfeld, was dort auch geschätzt wird. Das gesellschaftliche System ist darauf angelegt, Vielfalt nicht gleichzumachen, sondern sie partizipieren zu lassen – aber mit der Möglichkeit, kulturell anders zu bleiben. So sind auch Freikirchen, jüdische, islamische, hinduistische, buddhistische Religionsgemeinschaften als öffentlich-rechtlich anerkannt. Schamanen, Hexen, Homöopathen, brasilianische Macumba-Anhänger und sogar eine Vereinigung von Atheisten haben Anträge auf offizielle Anerkennung als Religionsgemeinschaft eingereicht, um so ihre Finanzierung sichern zu können. Dies führt auf der normativen Ebene dazu, dass ständig darüber reflektiert werden muss, was Religion eigentlich ist und was nicht.

4. Im Szenario einer Gesellschaft, in der Sicherheit und Ordnungsliebe zuoberst stehen, gewinnt die Tendenz an Boden, möglichst alle Risiken moderner Gesellschaften durch Gesetze und Verordnungen präventiv zu minimieren. Seien es Übergewicht und falsche Ernährung, Jugendgewalt und Tabakkonsum, Internetmissbrauch und Luxusexzesse der Reichen: Für alles findet die Allianz aus Juristen, Experten und Technikern die richtigen präventiven und repressiven Mittel. Die Obrigkeit soll zum Wohle der Allgemeinheit darüber wachen und Auswüchse unterbinden. Die Verinnerlichung der Tugend der Prävention führt zu einem inneren Zensor, der als ein schlechtes Gewissen immer vor Augen hält, was alles schiefgehen kann, wenn man sich nicht andauernd überwindet und extra bemüht. Bei einer ökonomisch ungünstigen Entwicklung, in der Wohlstandsverlust deutlich

spürbar werden wird, wird der Ruf nach einem starken und regulierenden Staat laut, der die Krise zu Gunsten der eigenen Bevölkerung gestaltet. Das Misstrauen gegenüber Fremden nimmt zu, und aus Angst um das eigene Wohlergehen wird die internationale Solidarität drastisch abnehmen.

Im Zentrum dieses Szenarios steht das Ideal, dass Experten definieren können, was gut für die Gesellschaft ist, und dass durch Prävention Fehlentwicklungen frühzeitig erkannt und unterbunden werden. Das Wir-Gefühl steht im Zentrum, Gemeinschaftssinn und Kollektivismus verdrängen Individualismus und pluralistischen Hedonismus. Pflichtgefühl und Ordnungsliebe führen zu »Null Toleranz« gegenüber Andersartigen.

Kirchen und Religionsgemeinschaften spielen in diesem Szenario keine tragende Rolle mehr. Die Landeskirchen verlieren weiter Mitglieder, auch wenn die reformierten – dank der Traditionen von Zwingli und Calvin – den Anschluss an die gesellschaftliche Tendenz der Biopolitik ganz gut schaffen. BioControl ist letztlich eine Beherrschung der Triebe und eine Selbstdisziplinierung, was eigentlich nichts anderes ist als die säkulare Spielform eines calvinistischen Ideales[3].

Der aktuelle Wertewandel ist eine offene Entwicklung – er kann zu verschiedenen Zukünften führen. Werden die Kirchen als schwacher Spielball nur reagieren können? Oder werden sie als starke Player die gesellschaftliche Entwicklung Mitteleuropas mitprägen? Die Kirchen sind herausgefordert, ihre Zukunft aktiv zu gestalten und künftige Werte mitzugestalten. Rückwärts in die gute alte Zeit führt sicher kein Weg.

[1] Synkretismus: Vermischung religiöser Ideen oder Philosophien zu einem neuen System oder Weltbild.

[2] Die Studie nimmt hier einen Begriff des amerikanischen Politikwissenschaftlers Samuel Huntington auf, der 1996 in seinem Buch »Clash of Civilizations and the Remaking of World Order« die These vertrat, nach Beendigung des Ost-West-Konflikts komme es zu einem »Kampf der Kulturen«, etwa zwischen dem westlichen und dem islamischen Kulturkreis.

[3] Gemeint ist hier, dass die evangelisch-reformierten Kirchen in der Tradition von Zwingli und Calvin (z. B. in der Schweiz) immer schon einen disziplinierten Lebensstil mit asketischen Zügen als christengemäß empfahlen, verbunden mit einer Wertschätzung harter Arbeit, Affektkontrolle und der Ablehnung weltlicher Genüsse und eines als luxuriös betrachteten Konsums.

Andreas Walker: Schwacher Spielball? Wie gesellschaftliche Megatrends bis 2030 die Gestalt der Kirche beeinflussen (könnten), in: Zeitzeichen 10/2011, S. 31–33 Website: www.weiterdenken.ch, www.hoffnungsbarometer.ch

Arbeitsvorschläge

1. Welches Szenario halten Sie für besonders wahrscheinlich? Wählen Sie ein Szenario aus und belegen Sie Ihre Wahl mit Beispielen.
2. Wie möchten Sie selber gern im Jahr 2030 leben? Entwickeln Sie aus den genannten Elementen ein eigenes Szenario und erläutern Sie, was Sie tun können, damit es Wirklichkeit wird.
3. Welches Szenario sollten die Kirchen anstreben? Begründen Sie Ihre Auffassung.
4. Was können Kirchen als »starke Player« für die gesellschaftliche Entwicklung tun? Verfassen Sie eine Liste mit zehn Thesen für die künftige Entwicklung der Kirchen in der Gesellschaft.

Kurzbiographien

Bergau, Wilfried, *1949; Lehrer für Deutsch und Evangelische Religionslehre; seit 1995 Schulleiter am Hainberg Gymnasium in Göttingen; 2013 im Ruhestand

Bonhoeffer, Dietrich, *1906; Privatdozent an der Universität Berlin und Studentenpfarrer an der TH Berlin; seit 1935 Leiter des Predigerseminars der »Bekennenden Kirche« in Finkenwalde; 1940–43 Mitglied im Widerstand gegen Hitler; 1943 verhaftet u. 1945 im KZ Flossenbürg hingerichtet

Douglass, Klaus, *1958; 1989–2009 Gemeindepfarrer in Niederhöchstadt; seit 2010 theol. Referent im Zentrum Verkündigung der Ev. Landeskirche in Hessen und Nassau in Frankfurt/M.

Hahn, Udo, *1962, seit 2011 Direktor der Ev. Akademie in Tutzing; Autor und Herausgeber zahlreicher religiöser Sachbücher sowie spiritueller Texte

Hauschild, Eberhard, *1958, Professor für Praktische Theologie an der Universität Bonn; Schwerpunkte Seelsorge, Diakonie u. Kirchentheorie

Huber, Wolfgang, *1942; 1993 Bischof der Ev. Landeskirche in Berlin-Brandenburg; 2001 Mitglied des Nationalen Ethikrates; 2003–2009 Ratsvorsitzender der EKD; seit 2009 im Ruhestand

Käßmann, Margot, *1958; Theologin; 1999–2010 Landesbischöfin der Evangelisch-lutherischen Landeskirche Hannovers; 2009–2010 Ratsvorsitzende der EKD; 2010 Rücktritt nach Verkehrsdelikt; Botschafterin für das Reformationsjubiläum 2017

Kaufmann, Franz-Xaver, *1932; Professor für Sozialpolitik und Soziologie an der Universität Bielefeld; 1997 emeritiert; seit 1998 ord. Mitglied der Akademie Wissenschaften u. Künste in NRW

Kohler, Eike, *1966, Dr. theol.; Praktischer Theologe und ordinierter Pfarrer; wissenschaftlicher Mitarbeiter an der Universität Bonn

Kröger, Matthias, *1935; Professor für Kirchen- und Theologiegeschichte an der Universität Hamburg, Mitglied im internationalen »Werkstattinstitut für lebendiges Lernen«, 1998 emeritiert

Meister, Ralf, *1962; seit 2011 Landesbischof der Ev.-luth. Landeskirche Hannover; bekannt durch zahlreiche Rundfunkbeiträge im NDR und als Sprecher des »Wortes zum Sonntag« in der ARD

Moltmann, Jürgen, *1926; seit 1967 Professor für Systematische Theologie an der Universität Tübingen; 1994 emeritiert; erhielt von insgesamt zwölf Universitäten die Ehrendoktorwürde

Nürnberger, Christian, *1951; Publizist und freier Autor für die »Süddeutsche Zeitung« und »Die Zeit«; für das Buch »Mutige Menschen: Widerstand im Dritten Reich« mit dem Deutschen Jugendliteraturpreis 2010 ausgezeichnet

Schulz, Claudia, *1968; Religionswissenschaftlerin, Soziologin u. Theologin; Professorin für Soziale Arbeit u. Diakoniewissenschaft an der Ev. Hochschule Ludwigsburg

Steffensky, Fulbert, *1933; lebte 13 Jahre lang als Benediktinermönch in der Abtei Maria Laach; konvertierte 1969 zur evangelischen Kirche u. heiratete die evangelische Theologin Dorothee Sölle; seit 1975 Professor für Religionspädagogik an der Universität Hamburg; 1998 emeritiert

Walker, Andreas M., *1965; Dr. phil.; Berater, Moderator und Referent; Co-Präsident von Swissfuture, der Schweizerischen Vereinigung für Zukunftsforschung, Website: www.weiterdenken.ch

Die Herausgeber:

Oliver Arnhold, *1967, Dr. phil.; Lehrer für Mathematik und Evangelische Religionslehre am Grabbe-Gymnasium Detmold, Fachleiter für Ev. Religionslehre am ZfsL Detmold; Dozent für Religionspädagogik und kirchliche Zeitgeschichte an den Universitäten Bielefeld und Paderborn

Hartmut Lenhard, *1947, Dr. theol.; seit 1982 Fachleiter für Evangelische Religionslehre am Studienseminar Detmold, seit 1994 Leiter des Zentrums für schulpraktische Lehrerausbildung Paderborn; 2012 Ruhestand. Für Rückmeldungen: sem-len@uni-paderborn.de